心一堂術數古籍珍本叢刊

書名：民國偉人星命錄 附 新增萬年書

系列：心一堂術數古籍珍本叢刊 第二輯 星命類 138

作者：【民國】囂囂子 撰

主編、責任編輯：陳劍聰

心一堂術數古籍珍本叢刊編校小組：陳劍聰 素聞 梁松盛 鄒偉才 虛白盧主

出版：心一堂有限公司

地址/門市：香港九龍旺角西洋菜南街五號好望角大廈一〇〇三室

電話號碼：+852-6715-0840 +852-6633-7949

網址：sunyata.cc

電郵：sunyatabook@gmail.com
publish.sunyata.cc

網上書店：http://book.sunyata.cc

網上論壇：http://bbs.sunyata.cc/

版次：二零一七年八月初版

平裝

定價：港幣 一百三十八元正

新台幣 五百五十元正

國際書號：ISBN 978-988-8317-66-0

香港及海外發行：香港聯合書刊物流有限公司

地址：香港新界大埔汀麗路三十六號中華商務印刷大廈三樓

電話號碼：+852-2150-2100

傳真號碼：+852-2407-3062

電郵：info@suplogistics.com.hk

台灣發行：秀威資訊科技股份有限公司

地址：台灣台北市內湖區瑞光路七十六巷六十五號一樓

電話號碼：+886-2-2796-3638

傳真號碼：+886-2-2796-1377

網絡書店：www.bodbooks.com.tw

台灣讀者服務中心：國家書店

地址：台灣台北市中山區松江路二〇九號一樓

電話號碼：+886-2-2518-0207

傳真號碼：+886-2-2518-0778

網絡書店：http://www.govbooks.com.tw/

中國大陸發行・零售：心一堂書店

深圳地址：中國深圳羅湖立新路六號東門博雅負一層零零八號

電話號碼：+86-755-8222-4934

北京地址：中國北京東城區雍和宮大街四十號

心一店淘寶網：http://sunyatacc.taobao.com

心一堂術數古籍 珍本 整理 叢刊 總序

術數定義

術數，大概可謂以「推算（推演）、預測人（個人、群體、國家等）、事、物、自然現象、時間、空間方位等規律及氣數，並或通過種種『方術』，從而達致趨吉避凶或某種特定目的」之知識體系和方法。

術數類別

我國術數的內容類別，歷代不盡相同，例如《漢書·藝文志》中載，漢代術數有六類：天文、曆譜、五行、蓍龜、雜占、形法。至清代《四庫全書》，術數類則有：數學、占候、相宅相墓、占卜、命書、相書、陰陽五行、雜技術等，其他如《後漢書·方術部》、《藝文類聚·方術部》、《太平御覽·方術部》等，對於術數的分類，皆有差異。古代多把天文、曆譜、及部分數學均歸入術數類，而民間流行亦視傳統醫學作為術數的一環；此外，有些術數與宗教中的方術亦往往難以分開。現代民間則常將各種術數歸納為五大類別：命、卜、相、醫、山，通稱「五術」。

本叢刊在《四庫全書》的分類基礎上，將術數分為九大類別：占筮、星命、相術、堪輿、選擇、三式、讖諱、理數（陰陽五行）、雜術（其他）。而未收天文、曆譜、算術、宗教方術、醫學。

術數思想與發展──從術到學，乃至合道

我國術數是由上古的占星、卜筮、形法等術發展下來的。其中卜筮之術，是歷經夏商周三代而通過「龜卜、蓍筮」得出卜（筮）辭的一種預測（吉凶成敗）術，之後歸納並結集成書，此即現傳之《易

經》。經過春秋戰國至秦漢之際，受到當時諸子百家的影響、儒家的推崇，遂有《易傳》等的出現，原本是卜筮術書的《易經》，被提升及解讀成有包涵「天地之道（理）」之學。因此，《易・繫辭傳》曰：「易與天地準，故能彌綸天地之道。」

漢代以後，易學中的陰陽學說，與五行、九宮、干支、氣運、災變、律曆、卦氣、讖緯、天人感應說等相結合，形成易學中象數系統。而其他原與《易經》本來沒有關係的術數，如占星、形法、選擇，亦漸漸以易理（象數學說）為依歸。《四庫全書・易類小序》云：「術數之興，多在秦漢以後。要其旨，不出乎陰陽五行，生尅制化。實皆《易》之支派，傅以雜說耳。」至此，術數可謂已由「術」發展成「學」。

及至宋代，術數理論與理學中的河圖洛書、太極圖、邵雍先天之學及皇極經世等學說給合，通過術數以演繹理學中「天地中有一太極，萬物中各有一太極」（《朱子語類》）的思想。術數理論不單已發展至十分成熟，而且也從其學理中衍生一些新的方法或理論，如《梅花易數》、《河洛理數》等。

在傳統上，術數功能往往不止於僅僅作為趨吉避凶的方術，及「能彌綸天地之道」的學問，亦有其「修心養性」的功能，「與道合一」（修道）的內涵。《素問・上古天真論》：「上古之人，其知道者，法於陰陽，和於術數。」數之意義，不單是外在的算數、歷數、氣數，而是與理學中同等的「道」、「理」--心性的功能，北宋理氣家邵雍對此多有發揮：「聖人之心，是亦數也」、「萬化萬事生乎心」、「心為太極」。《觀物外篇》：「先天之學，心法也。……蓋天地萬物之理，盡在其中矣，心一而不分，則能應萬物。」反過來說，宋代的術數理論，受到當時理學、佛道及宋易影響，認為心性本質上是等同天地之太極。天地萬物氣數規律，能通過內觀自心而有所感知，即是內心也已具備有術數的推演及預測、感知能力；相傳是邵雍所創之《梅花易數》，便是在這樣的背景下誕生。

《易・文言傳》已有「積善之家，必有餘慶；積不善之家，必有餘殃」之說，至漢代流行的災變說及讖緯說，我國數千年來都認為天災，異常天象（自然現象），皆與一國或一地的施政者失德有關；下

至家族、個人之盛衰，也都與一族一人之德行修養有關。因此，我國術數中除了吉凶盛衰理數之外，人心的德行修養，也是趨吉避凶的一個關鍵因素。

術數與宗教、修道

在這種思想之下，我國術數不單只是附屬於巫術或宗教行為的方術，又往往是一種宗教的修煉手段─通過術數，以知陰陽，乃至合陰陽（道）。「其知道者，法於陰陽，和於術數。」例如，「奇門遁甲」術中，即分為「術奇門」與「法奇門」兩大類。「法奇門」中有大量道教中符籙、手印、存想、內煉的內容，是道教內丹外法的一種重要外法修煉體系。甚至在雷法一系的修煉上，亦大量應用了術數內容。此外，相術、堪輿術中也有修煉望氣（氣的形狀、顏色）的方法；堪輿家除了選擇陰陽宅之吉凶外，也有道教中選擇適合修道環境（法、財、侶、地中的地）的方法，以至通過堪輿術觀察天地山川陰陽之氣，亦成為領悟陰陽金丹大道的一途。

易學體系以外的術數與的少數民族的術數

我國術數中，也有不用或不全用易理作為其理論依據的，如揚雄的《太玄》、司馬光的《潛虛》。也有一些占卜法、雜術不屬於《易經》系統，不過對後世影響較少而已。

外來宗教及少數民族中也有不少雖受漢文化影響（如陰陽、五行、二十八宿等學說。）但仍自成系統的術數，如古代的西夏、突厥、吐魯番等占卜及星占術，藏族中有多種藏傳佛教占卜術、苯教占卜術、擇吉術、推命術、相術等；北方少數民族有薩滿教占卜術；不少少數民族如水族、白族、布朗族、佤族、彝族、苗族等，皆有占雞（卦）草卜、雞蛋卜等術，納西族的占星術、占卜術，彝族畢摩的推命術、占卜術……等等，都是屬於《易經》體系以外的術數。相對上，外國傳入的術數以及其理論，對我國術數影響更大。

曆法、推步術與外來術數的影響

我國的術數與曆法的關係非常緊密。早期的術數中，很多是利用星宿或星宿組合的位置（如某星在某州或某宮某度）付予某種吉凶意義，并據之以推演，例如歲星（木星）、月將（某月太陽所躔之宮次）等。不過，由於不同的古代曆法推步的誤差及歲差的問題，若干年後，其術數所用之星辰的位置，已與真實星辰的位置不一樣了；此如歲星（木星），早期的曆法及術數以十二年為一周期（以應地支），與木星真實周期十一點八六年，每幾十年便錯一宮。後來術家又設一「太歲」的假想星體來解決，是歲星運行的相反，週期亦剛好是十二年。而術數中的神煞，很多即是根據太歲的位置而定。又如六壬術中的「月將」，原是立春節氣後太陽躔娵訾之次而稱作「登明亥將」，至宋代，因歲差的關係，要到雨水節氣後太陽才躔娵訾之次，當時沈括提出了修正，但明清時六壬術中「月將」仍然沿用宋代沈括修正的起法沒有再修正。

由於以真實星象周期的推步術是非常繁複，而且古代星象推步術本身亦有不少誤差，大多數術數除依曆書保留了太陽（節氣）、太陰（月相）的簡單宮次計算外，漸漸形成根據干支、日月等的各自起例，以起出其他具有不同含義的眾多假想星象及神煞系統。唐宋以後，我國絕大部分術數都主要沿用這一系統，也出現了不少完全脫離真實星象的術數，如《子平術》、《紫微斗數》、《鐵版神數》等。後來就連一些利用真實星辰位置的術數，如《七政四餘術》及選擇法中的《天星選擇》，也已與假想星象及神煞混合而使用了。

隨着古代外國曆（推步）、術數的傳入，如唐代傳入的印度曆法及術數，元代傳入的回回曆等，其中我國占星術便吸收了印度占星術中羅睺星、計都星等而形成四餘星，又通過阿拉伯占星術而吸收了其中來自希臘、巴比倫占星術的黃道十二宮、四大（四元素）學說（地、水、火、風），並與我國傳統的二十八宿、五行說、神煞系統並存而形成《七政四餘術》。此外，一些術數中的北斗星名，不用我國傳統的星名：天樞、天璇、天璣、天權、玉衡、開陽、搖光，而是使用來自印度梵文所譯的：貪狼、巨

門、祿存、文曲、廉貞、武曲、破軍等，此明顯是受到唐代從印度傳入的曆法及占星術所影響。如星命術中的《紫微斗數》及堪輿術中的《撼龍經》等文獻中，其星皆用印度譯名。及至清初《時憲曆》，置閏之法則改用西法「定氣」。清代以後的術數，又作過不少的調整。

此外，我國相術中的面相術、手相術，唐宋之際受印度相術影響頗大，至民國初年，又通過翻譯歐西、日本的相術書籍而大量吸收歐西相術的內容，形成了現代我國坊間流行的新式相術。

陰陽學——術數在古代、官方管理及外國的影響

術數在古代社會中一直扮演着一個非常重要的角色，影響層面不單只是某一階層、某一職業、某一年齡的人，而是上自帝王，下至普通百姓，從出生到死亡，不論是生活上的小事如洗髮、出行等，大事如建房、入伙、出兵等，從個人、家族以至國家，從天文、氣象、地理到人事、軍事，從民俗、學術到宗教，都離不開術數的應用。我國最晚在唐代開始，已把以上術數之學，稱作陰陽（學），行術數者稱陰陽人。（敦煌文書、斯四三二七唐《師師漫語話》：「以下說陰陽人謾語話」，此說法後來傳入日本，今日本人稱行術數者為「陰陽師」）。一直到了清末，欽天監中負責陰陽術數的官員中，以及民間術數之士，仍名陰陽生。

古代政府的中欽天監（司天監），除了負責天文、曆法、輿地之外，亦精通其他如星占、選擇、堪輿等術數，除在皇室人員及朝庭中應用外，也定期頒行日書、修定術數，使民間對於天文、日曆用事吉凶及使用其他術數時，有所依從。

我國古代政府對官方及民間陰陽學及陰陽官員，從其內容、人員的選拔、培訓、認證、考核、律法監管等，都有制度。至明清兩代，其制度更為完善、嚴格。

宋代官學之中，課程中已有陰陽學及其考試的內容。（宋徽宗崇寧三年〔一一零四年〕崇寧算學令：「諸學生習……並曆算、三式、天文書。」「諸試……三式即射覆及預占三日陰陽風雨。天文即預

定一月或一季分野災祥，並以依經備草合問為通。」

金代司天臺，從民間「草澤人」（即民間習術數人士）考試選拔：「其試之制，以《宣明曆》試推步，及《婚書》、《地理新書》試合婚、安葬，並《易》筮法，六壬課、三命、五星之術。」（《金史》卷五十一・志第三十二・選舉一）

元代為進一步加強官方陰陽學對民間的影響、管理、控制及培育，除沿襲宋代、金代在司天監掌管陰陽學及中央的官學陰陽學課程之外，更在地方上增設陰陽學教授員，培育及管轄地方陰陽人。（《元史・選舉志一》：「世祖至元二十八年夏六月始置諸路陰陽學。」）地方上也設陰陽學教授員，於路、府、州設教授員，凡陰陽人皆管轄之，而上屬於太史焉。」）自此，民間的陰陽術士（陰陽人），被納入官方的管轄之下。（《元史・選舉志一》：「（元仁宗）延祐初，令陰陽人依儒醫例，於路、府、州設教授員，凡陰陽人皆管轄之，而上屬於太史焉。」）自此，民間的陰陽術士（陰陽人），被納入官方的管轄之下。

至明清兩代，陰陽學制度更為完善。中央欽天監掌管陰陽學，明代地方縣設陰陽學正術，各州設陰陽學典術，各縣設陰陽學訓術。陰陽人從地方陰陽學肄業或被選拔出來後，再送到欽天監考試。（《大明會典》卷二二三：「凡天下府州縣舉到陰陽人堪任正術等官者，俱從吏部送（欽天監），考中，送回選用；不中者發回原籍為民，原保官吏治罪。」）清代大致沿用明制，凡陰陽術數之流，悉歸中央欽天監及地方陰陽官員管理、培訓、認證。至今尚有「紹興府陰陽印」、「東光縣陰陽學記」等明代銅印，及某某縣某某之清代陰陽執照等傳世。

清代欽天監漏刻科對官員要求甚為嚴格。《大清會典》「國子監」規定：「凡算學之教，設肄業生。滿洲十有二人，蒙古、漢軍各六人，於各旗官學內考取。漢十有二人，於舉人、貢監生童內考取。」學生在官學肄業、貢監生肄業或考得舉人後，經過了五年對天文、算法、陰陽學的學習，其中精通陰陽術數者，會送往漏刻科。而在欽天監供職的官員，《大清會典則例》「欽天監」規定：「本監官生三年考核一次，術業精通者，保題升用。不及者，停其升轉，再加學習。如能黽

勉供職，即予開復。仍不及者，降職一等，再令學習三年，能習熟者，准予開復，仍不能者，黜退。」

除定期考核以定其升用降職外，《大清律例》中對陰陽術士不準確的推斷（妄言禍福）是要治罪的。《大清律例‧一七八‧術七‧妄言禍福》：「凡陰陽術士，不許於大小文武官員之家妄言禍福，違者杖一百。其依經推算星命卜課，不在禁限。」大小文武官員延請的陰陽術士，自然是以欽天監漏刻科官員或地方陰陽官員為主。

官方陰陽學制度也影響鄰國如朝鮮、日本、越南等地，一直到了民國時期，鄰國仍然沿用着我國的多種術數。而我國的漢族術數，在古代甚至影響遍及西夏、突厥、吐蕃、阿拉伯、印度、東南亞諸國。

術數研究

術數在我國古代社會雖然影響深遠，「是傳統中國理念中的一門科學，從傳統的陰陽、五行、九宮、八卦、河圖、洛書等觀念作大自然的研究。……傳統中國的天文學、數學、煉丹術等，要到上世紀中葉始受世界學者肯定。可是，術數還未受到應得的注意。術數在傳統中國科技史、思想史、文化史、社會史，甚至軍事史都有一定的影響。……更進一步了解術數，我們將更能了解中國歷史的全貌。」（何丙郁《術數、天文與醫學中國科技史的新視野》，香港城市大學中國文化中心。）

可是術數至今一直不受正統學界所重視，加上術家藏秘自珍，又揚言天機不可洩漏，「（術數）乃吾國科學與哲學融貫而成一種學說，數千年來傳衍嬗變，或隱或現，全賴一二有心人為之繼續維繫，賴以不絕，其中確有學術上研究之價值，非徒癡人說夢，荒誕不經之謂也。其所以至今不能在科學中成立一種地位者，實有數因。蓋古代士大夫階級目醫卜星相為九流之學，多恥道之；而發明諸大師又故為惝恍迷離之辭，以待後人探索；間有一二賢者有所發明，亦秘莫如深，既恐洩天地之秘，復恐譏為旁門左道，始終不肯公開研究，成立一有系統說明之書籍，貽之後世。故居今日而欲研究此種學術，實一極困難之事。」（民國徐樂吾《子平真詮評註》，方重審序）

現存的術數古籍，除極少數是唐、宋、元的版本外，絕大多數是明、清兩代的版本。其內容也主要是明、清兩代流行的術數，唐宋或以前的術數及其書籍，大部分均已失傳，只能從史料記載、出土文獻、敦煌遺書中稍窺一鱗半爪。

術數版本

坊間術數古籍版本，大多是晚清書坊之翻刻本及民國書賈之重排本，其中豕亥魚魯，或任意增刪，往往文意全非，以至不能卒讀。現今不論是術數愛好者，還是民俗、史學、社會、文化、版本等學術研究者，要想得一常見術數書籍的善本、原版，已經非常困難，更遑論如稿本、鈔本、孤本等珍稀版本。

在文獻不足及缺乏善本的情況下，要想對術數的源流、理法、及其影響，作全面深入的研究，幾不可能。

有見及此，本叢刊編校小組經多年努力及多方協助，在海內外搜羅了二十世紀六十年代以前漢文為主的術數類善本、珍本、鈔本、孤本、稿本、批校本等數百種，精選出其中最佳版本，分別輯入兩個系列：

一、心一堂術數古籍珍本叢刊
二、心一堂術數古籍整理叢刊

前者以最新數碼（數位）技術清理、修復珍本原本的版面，更正明顯的錯訛，部分善本更以原色彩色精印，務求更勝原本。并以每百多種珍本、一百二十冊為一輯，分輯出版，以饗讀者。

後者延請、稿約有關專家、學者，以善本、珍本等作底本，參以其他版本，古籍進行審定、校勘、注釋，務求打造一最善版本，方便現代人閱讀、理解、研究等之用。

限於編校小組的水平，版本選擇及考證、文字修正、提要內容等方面，恐有疏漏及舛誤之處，懇請方家不吝指正。

心一堂術數古籍　珍本　叢刊編校小組

二零零九年七月序

二零一四年九月第三次修訂

乙丑仲秋新增

中華民國偉人星命錄

山陰囂囂子著

心一堂術數古籍珍本叢刊 星命類

（張志潭）

月德　甲申
天德　乙亥　亡神
德　辛巳　刼煞
　　戊子

（黎元洪）

　　甲子
　　甲戌　刼煞　天月德
　　丁巳
　　甲辰

乙亥辛巳內藏丙子丁丑戊寅己卯庚辰丑爲甲貴人寅
爲辛貴人辛巳戊子內藏壬午癸未甲申乙酉丙戌丁亥
午爲辛貴人未爲甲貴人名爲暗帶見三命通會卷六甲
年見戊是爲偏財子爲戊之旺地凡偏財臨帝旺臨庫地
臨長生均爲貴格若拘子平六陰朝陽則巳宮內火在不
取之列不如偏財坐旺地之可信巳宮內火合辛庚金合
乙子宮癸水合戊俱主貴

三甲爲三位聚集格甲子甲戌拱亥亥爲甲年之長生丁
日之貴人是即拱貴格凡拱祿見衝待力有如庫士須衝
妙在巳字衝亥交卯與戌作合故得意甲見戌爲活祿見
三命通會論祿馬力等臨官甲年見辰戌又見火必貴見
三命通會卷四甲坤黃數五詩

（吳佩孚）

甲戌

戊辰

己酉

丁卯 沐浴

甲年見戊辰。古法名爲偏財坐庫格。甲己化土臨于辰月。
是爲得地。辰酉一合。卯戌一合。與徐世昌相同、甲見戊爲
偏財辰爲戊之正庫交癸運與月上之戊合故得意交酉
運。酉爲己土之敗地古法水土敗于酉非如子平謂丁己
長生在酉也甲年見辰戌又見火必貴

（湯化龍）

月德 甲戌

天德 乙癸

戊子

癸亥

此造與李長泰可參看納音三火故利于文職。古法戊見
子爲陽刃非如子平以戊見午爲陽刃也交庚運庚見亥
爲絕地見戌爲衰地見子爲傷官故厄于非命。此所以與
李長泰不同也。

（孫文）

天德
乙丑
丁亥　馬　貴人
丁酉　貴人
壬寅　劫煞

（張作霖）

乙亥
己卯　祿
己卯
乙亥

凡貴人驛馬頭上見食神為貴格丁為乙食神丁亥丁酉
拱戌戌為乙之財庫又為乙之活祿丁壬化木臨於寅亥
三命通會名為官星六合但時上寅為丑年之劫煞此為
缺點此造兩丁一壬與洪秀全格可參看洪秀全格辛未
年丁酉月壬戌日丁未時比較之可知矣較張孤為勝者
力在丁見亥酉之貴人壬戌年壙實故不利丁壬見寅亥
名官星六合見三命派會論正官

乙亥己卯暗帶以子丁丑戊寅三位丙丁戊為暗合壬癸
辛三奇。說見蘭台妙選段群瑞命中已詳之可見暗合三
奇其為貴格也無疑消息賦云生月坐祿入仕得赫奕之
名。乙年坐卯月正合其說朝元得長生更貴亥宮甲合己
土。故無殺重之嫌。

（李　純）

乙亥 天德
乙酉
己卯
庚午

（齊燮元）

乙酉
庚辰
甲寅
庚午

乙亥乙酉拱成戍為乙之財庫。可與張孤孫亥參看。乙旺
子卯庚旺于酉不嫌相衝午卯酉易經納甲即巽之初爻。
爻于乾生離初爻納卯酉是四正局得三位。卯午夾辰巳。
午酉夾未申此為子平家所不知時上午為乙之死地故
晚局不如初爻古法甲乙同宮乙長生在亥死于午乙庚
化金坐酉得坤坐午為敗地見亥卯為化氣見財。

乙庚化金辰酉化金名為官星六合又名變龍附鳳甲己
化土力能生乙庚之金庚辰乙酉暗帶辛巳壬午癸未辛
壬癸為三奇未為甲之貴八寅午火局交丙運寇制乙庚
辰酉嫌太過矣酉年支庚之時干見之為朝元刃乙庚見
午為敗地是宜見幾。

偉人原命錄

（蕭耀南）

乙亥

月德　己卯

甲申　貴人

庚午

（孫傳芳）

乙酉

庚辰

月德　壬寅

天月德　己酉

乙亥己卯暗帶丙子丁丑戊寅說詳段祺瑞命瑞巾甲見丑

為貴人見寅為祿力等于拱貴拱祿申為天德甲為月德

申為乙年之貴人乙庚化金見亥卯化木是為化氣得財。

與李純陳樹藩兩命可參看甲己化土月德作合乙庚敗

於午是宜知止。

乙庚化金辰酉化金是為官星六合說詳齊燮元命申壬

寅巳酉在一旬中暗帶巳卯之貴人蘭台妙選謂乙酉庚

辰癸龍附鳳格壬為天月德炎子運子為壬之陽刃壬見

酉為敗地是宜知止。

五

（曾毓雋）

辛未

己亥

癸未

乙亥

（姚震）

乙酉

丙戌　天月　德

庚申　貴人

辛巳

未爲乙年之本庫古法本庫作印論亥年華蓋在未是爲

華蓋坐印乙亥癸未暗帶丙子丁丑戊寅己卯庚辰辛巳

壬午子爲乙己之貴人寅卯辰爲乙之旺地妙在乙己癸

爲暗合卯戌庚之三奇說見蘭台妙選乙年見己己亥偏

才坐旺地乙年見辛爲食神坐庫是宜大貴。

乙庚見申酉戌是爲化氣得旺地妙在丙辛化水化氣相

生大貴格也未運爲乙年之庫與戌相刑故不利現交壬

午運大可發展凡天月德合又見貴人著作大貴格

（齊耀珊）

乙丑

辛巳

庚子 貴人

丙子 貴人

乙庚化金。丙辛化水化氣相生爲合化格乙年見子爲貴人子丑一合爲合貴格庚見丑亦爲貴人是爲交見貴人。辛爲天德丙辛爲天德合天德合必大貴。

（王克敏）

丙子

天月德 壬辰

天月德 壬申

乙巳

在子平名爲潤下格在古法則重丙年丙之化氣爲水不得作火看一有氣水故見申子辰爲旺地壬爲天月德壬辰壬申拱巳午未爲丙之旺地爲壬之財局時上巳爲丙祿。申巳合祿。

七

（靳雲鵬）

天月德 丙子
戊戌
甲子
庚午

兩子一午爲雙包格甲戊庚三奇見丙之天月德即爲有力。甲子庚午暗帶乙丑丙寅丁卯戊辰己巳五位乙丙丁爲三奇丑爲甲戊庚之岢巳爲丙之祿力等于拱祿拱貴。凡甲戊庚三奇喜見丑未寅辰見子午爲暗合丑未貴人。

（曹汝霖）

丙子
辛丑
丙申
戊子

丙辛化水子丑化土丙申辛丑暗帶丁酉戊戌己亥三位。西亥爲丙之貴人成爲丙之本庫古法本忌作印論三命通會云丙戌見申子貴擬王謝丙見戊子是爲食神坐旺地。

（林長民）

丙子
乙未
癸卯
戊午

（陸宗輿）

丙子
甲午
甲戌 天德
戊辰

癸旺于子。丙旺于午乙旺于卯子午卯爲四正位各佔旺地。故不嫌衝乙未癸卯暗帶丙申丁酉戊戌己亥庚子辛丑壬寅七位。酉亥爲丙之貴人景亦拱貴格。

蘭台妙選云官祿會于帝座生在子午者拜書受恩。

甲戌甲戌拱未申酉三位。未爲甲貴酉爲丙貴戶發拱格。

丙爲月德戌爲天德丙見戌辰是爲食神坐庫格。

（范源濂）

丙子

戊戌

丁巳

丙午

（孫寶琦）

丁卯

甲辰

丙子

丙申

丙丁戊暗合庚辛壬三奇。說見蘭台妙選。丙子丙午。納音

均屬水。是爲明衝暗合。丙盜天月德。丙子水命時上見丙

午天河水盜迎凡入聖格亦見蘭台妙選。丙午見戊戌是

爲食神坐庫以貴。

丁有木氣。丁壬化木之故。丙有水氣丙辛化水之故水木

見申子辰甚爲得地。丙申丙子拱酉戌亥。亥酉爲丙丁之

貴人戌爲丙丁之印庫。

（盧永祥）

丁卯
庚戌
乙亥
丁丑

（王承斌）

丁丑
戊申
壬戌
丙午

乙庚一合。卯戌一合。乙亥丁丑暗帶丙子貴人力等拱貴。

妙在丁字衝出子字。丁作午看。凡暗帶與拱格非衝不開。

與庫土同例。子平韶拱格忌衝者試之實無一驗。不可信

從。丁見亥中壬水一合。更爲可貴。

蘭台妙選云。丁丑水命時上見丙午天河水。是爲迢凡入

雲格。可與范源濂熊希齡命參看。壬爲月德、

合丁壬生于申子辰月得氣甚旺。交癸運癸與戊合故得

意。卯運卯爲丁年之沐浴不利。癸申宮壬丁年爲丁壬合。

丑宮癸戊月爲戊癸合。戌宮辛丙時爲丙辛合。

（韓國鈞）

丁巳

癸卯

丙辰

癸巳

巳爲巽卯爲雷。得辰則風雷有力蘭台妙選謂癸巳爲學

海。卯爲震辰巳爲巽丙丁爲離。凡丙丁見卯辰巳者。得文

明之象必有才學。但性必卜急此乃風雷之故丁爲天德。

（許崇智）

丁亥

庚戌

甲子

庚午

甲敗于子庚敗于午。敗地逢衝必賞甲子庚午暗帶乙丑

丙寅丁卯戊辰己巳五位甲見丑爲貴人見寅爲祿。力等

拱祿拱貴丁見庚戌正財坐庫。

（周蔭人）

丁亥
丁未
乙酉
丁亥

三丁爲三位聚集格丁見亥爲貴人乙酉丁亥暗拱丙戌。

戌爲丁年之火庫暗拱本庫爲貴格乙日見戌爲財庫可

與孫文張弧雨格參看。

（田文烈）

戊午
癸亥
辛酉
庚寅

戊癸化火寅亥化木寅爲辛貴是爲合貴辛酉癸亥暗帶

壬戌戊癸化火火庫于戌凡本庫古法作印論辛見寅午

雙貴貴人中之上選格也。

（馮國璋）

戊午
乙丑
乙巳
己卯

（陸榮廷）

戊午
辛酉
乙卯
丙戌

戊見丑丑為貴人丑上見乙是為官星坐貴所謂貴人頭
上戴財官門闢驛馬是也乙丑乙巳拱寅卯除卯字巳露
外寅為虎為乙之祿為戊之偏官巳卯夾辰辰為龍為戊
之本庫本庫作印論巳為風卯為雷龍虎風雷為蘭台篇
所推為大貴格。

辛旺于酉乙旺于卯各佔旺地故不嫌衝乙卯辛酉相距
七位蘭台妙選名為七日來復格蓋在一旬中不作天衝
地擊看出乙卯辛酉暗帶丙辰丁巳戊午己未庚申五位。
未為戊貴申為乙貴寅為天德丙辛化水卯戌化火化氣
得財為貴格惜丙戌時為朝元刃。

（王揖唐）

戊寅 天德
辛酉
丁巳
丁未 賞人

子平以丁巳丁未拱午藤名拱祿格袁世凱亦如是但拱格喜衝袁命有於衝午更爲有力所喜在戊年見之午爲印星也寅爲天德古法丙丁長生在寅午爲陽刃即丙丁之旺地。

（倪嗣冲）

戊辰
甲寅
壬戌
壬寅

三命通會卷六有龍吟虎嘯格謂戊辰見甲寅是也壬戌壬寅拱亥子丑戊年見之爲財局丑爲戊年之貴人亥子爲壬之旺地可作拱祿拱貴格甲爲月德戊年見壬戌偏財坐庫。

（袁世凱）

己未

癸酉 　蘭台妙選云己未見癸酉。則月升滄海己未為月。酉為滄

丁巳 　海。此在子平名拱祿格。妙在癸字衝午此造全陰其性情

丁未 　可不問矣此老關于世運觀此造不能無慨也。

（薩鎮冰）

己未 　年月日時納音均火蘭台妙選名為一氣為根己未生人

丁卯 　見卯為扶桑出日見蘭台妙選說詳見李經義命中未為

丁卯

乙巳　馬 　天德。

（張紹曾）

己卯

甲戌

乙亥

己卯

甲己一合。卯戌一合。乙亥己卯暗帶丙子丁丑戊寅己卯。

詆詳段祺瑞命中天干地支變化者作貴格己年見甲戌。

是爲官星坐庫己卯甲戌又爲官星六合甲爲己官故也。

（周自齊）

己巳

壬子　貴人

乙亥　馬　天德

乙巳

兩巳一亥爲雙包不作衍論乙巳壬子暗帶丙午丁未戊

申己酉庚戌辛亥六位申爲己牢之貴亥爲壬壬之祿作

拱貴拱祿論乙爲天德亥爲馬己見乙爲官星坐馬亥宮

甲與巳合甲爲己官壬見亥祿是爲祿馬同宮

（沈銘昌）

己巳
甲戌
丁丑 華蓋
辛亥 馬

甲己一合己巳甲戌暗帶辛未壬申癸酉甲戌丁丑暗帶
乙亥丙子子為己年之貴酉為丁日之貴力等于拱貴格。
己巳見甲戌是為官星坐庫己年見辛亥是為食神坐馬。
為貴格。

（汪大燮）

己未
天德 乙亥
癸亥
丙辰

己年見癸亥是為偏財坐旺地為貴格又乙巳癸暗合甲
戊庚三奇說詳會鏡雋命中乙亥癸亥拱甲甲為己年之
官星亥為甲之長生官星臨長生之位辰為癸之本庫古
法本庫為印丙辰癸亥暗帶巳午未申酉戌癸日辰時可
參看徐世昌錢能訓命。

（錢能訓）

己巳
丁丑 華蓋
癸丑 華蓋
丙辰

（譚延闓）

己卯
丁丑
癸丑
乙卯

丁丑癸丑拱甲乙丙癸丑丙辰暗帶甲寅乙卯甲見丑為

貴人。凡癸丑見丙丁是為魁星南指癸丑為北斗魁星說

詳蘭台妙選甲辰一旬皆為魁星日癸日辰時徐世昌朱

啟鈐皆同。

乙巳癸暗合甲戊庚隔奇妙在癸見卯為貴人甲戊庚見

丑又為貴人癸丑見丁是為魁星南指說詳錢能訓命中。

己年見癸丑是為偏財坐庫可與錢能訓參看癸丑乙卯。

暗帶甲寅為己年之官星。

（龔心湛）

己巳

己巳

甲子 貴人

壬申 貴人

己巳至壬申在一旬中蘭台妙選云一旬中三位四位為
公卿凡在一旬中暗帶必多故推貴格甲己一合申巳一
合己見申子雙貴更為可貴己年見壬申財臨長生必富
貴。

（段芝貴）

己巳

甲戌

壬辰

庚子

己巳見甲戌為官星坐庫為大貴格巳為蛇辰為龍壬辰
為天地闢台妙選云蛇化青龍入天池功名赫奕己巳甲
戌暗禘庚午辛未壬申癸酉申為己之貴人壬辰庚子暗
帶癸巳甲午乙未丙申丁酉戊戌六位辰為己之本庫戌
宮丁火與壬作合己巳甲戌見丁壬必貴可參看沈銘昌
命。

（張　樹　元）

己卯

丁卯

壬子　貴人

癸卯

（熊　希　齡）

庚午

癸未　貴人

庚申　馬祿

丁亥

三卯爲三位聚集格。己卯丁卯拱丙丁壬化木見卯得力。

己年見壬子是爲財臨旺地。

庚見未爲貴人午未一合名爲合貴午未申亥一氣相聯。

未申爲坤庚爲地亥爲乾爲天是爲天關地軸且庚午土

命見丁亥時是爲超凡入聖格見蘭台妙選說詳王承斌

命中丁亥亦爲十庚午見申祿馬同宮洵大貴格。

（趙恆惕）

庚辰

戊子

戊子

庚申

（高凌霨）

庚午

乙酉

辛亥

戊戌

庚年見申子辰。是爲井闌格庚辰戊子暗帶辛巳壬午癸

未甲申乙酉丙戌丁亥七位未爲庚戊之貴庚祿于申申

子辰成局是爲合祿子宮癸水與戊作合無水土混濁之

嫌

乙庚一合臨于酉月化氣得力庚爲月德午爲辛貴庚午

在甲子旬中乙酉在甲申旬中辛亥在甲辰旬中戊戌在

甲午旬中貼元丙子在甲戌旬中年月日時貼各佔一旬。

爲貴格。

（田中玉）

庚午
丁亥
丙辰
乙未（天德）

（周樹模）

庚辰
乙酉
癸癸
癸亥

乙丙丁三奇午未合貴乙爲天德。乙丙丁須見寅爲貴亥

寅運發跡。三奇見天德貴人大貴格庚年見乙未是爲正

才坐庫庚年見辰亥必貴參看陸錦命可證。

庚辰乙酉天干地支俱見從化說詳齊燮元命中庚辰乙

酉暗帶辛巳壬午癸未甲申四位巳爲癸貴未爲庚貴力

等拱貴格庚見辰亥必貴參看田中玉陸錦命可證之。

偉人星命錄

（吳毓麟）

庚午
己丑
丁卯
戊申　馬

（李厚基）

庚午
己丑
壬寅
庚戌

庚年貴人在丑午年支馬在申申上之干為戊庚年見之。

是為馬士得印又為祿馬同鄉大貴格也說詳三命通會

論祿馬丑上之己庚年見之貴人戴印。

庚年見寅午戌是為化氣官星得三合妙在兩庚足以受

之庚貴于丑庚為天月德有貴有天月德貴格也己為庚

年印貴人戴印。

（岑春煊）

辛酉

天月德 壬辰

辛亥 馬

丁酉 祿

丁壬化木辰酉化金辰爲辛之活祿闌台妙選云亥爲雙
魚見龍而躍壬辰爲最故名魚躍龍池又名滚躍天門亥
爲乾爲天門壬爲天月德丁壬爲天月德合祿馬同見尤
奇。

（張作相）

辛巳

辛卯

辛丑

辛卯

天元一字格辛卯辛巳拱辰辰爲辛之活祿爲辛之正印。
辛丑辛卯拱寅寅爲辛之正財辰爲龍寅爲虎暗拱龍虎。
得一必貴說詳蘭台妙選。

（唐紹儀）

辛酉

庚子

丙辰　天德

己丑　華蓋

（葉恭綽）

辛巳

己亥　馬

德月
壬戌

甲辰

丙辛化水臨子得地。辰酉合金子丑合土辰爲子月之天

德是爲天德合。辛年見丑爲本庫古法名印綬華蓋坐印

必大貴。

此格可與李思浩命參看凡巳亥見辰必貴辛長生于巳。

己長生于亥蘭台妙選云嘯風猛虎庚辛值于巽宮辰巳

爲巽庚辛爲日虎己亥爲大林木本龍生風鳳生則虎有

力巳宮丙合辛戌宮丁合壬合多必貴。

（王士珍）

辛酉
丙申
庚子
丙戌

（張敬堯）

辛巳
丙申
乙酉
庚辰

丙辛化水又見申酉戌以生之。辛祿于申所謂生月坐祿。

功名赫奕合于消息賦之說丙申庚子暗帶丁酉戌己

亥酉戌巳露不計外亥爲丙之貴人庚之食神可貴。

丙辛化水申巳又化水乙庚化金辰酉又化金是爲官星

六合說詳蔣瀞元命中凡巳酉庚辰得之必貴暗帶辛巳

壬午癸未甲申之故壬癸辛爲三奇巳午未爲南方火局。

偉人星命錄

（王占元）

辛酉
庚寅 貴
庚子
丙子

庚寅庚子拱丑。丑為庚貴又為庚辛之本庫古法名為印
庫庚子丙子拱乙。乙為庚辛之財乙見子為貴八凡拱格
暗帶格得之必貴酉見寅名為虎臥鳳闕寅為箕星酉為
畢星丙子為兩乙運得意乙庚化金之力辛年見寅為貴
人。丙辛合見酉為合祿

（李思浩）

天月德 辛巳
壬辰 馬
己亥
戊辰

己見辰巳是為勾陳得位又名魚躍龍池又名龍躍天門。
蘭台妙選又云蛇化青龍入天池功名赫奕此格合之妙
在辰為辛之活祿活祿見珞琭子消息賦注又名祿堂壬
辰巳亥在一旬中巳宮內合辛亥宮甲合己辰宮癸合戊
凡三合多者必貴。

（馮玉祥）

壬午
庚戌
己酉
甲戌

（曹錕）

壬戌
壬子
庚子
丁丑

兩戌均為午年生人之華蓋。華蓋須重見乃貴。闌台妙選
云。重蓋重金作廟堂瓌瑋之客子平云。魁罡疊疊掌威權。
庚戌魁罡兩見卽重重也。人鑑誤刊庚戌茲辨正之。

壬戌壬子拱亥為拱祿格。闌台妙選云水居湖海棨汪洋
之碩量子為湖海凡壬戌癸亥年生人見之合格壬子為
魁星日庚子壬子州距十三位闌台妙選云十三位炳見
魁星鳳池顯職此格可與閻錫三叅看壬為月德丁壬為
月德合。壬化木子丑化土化氣得財。

（吳光新）

壬午
丙午
甲申　馬
甲子

（蔡成勳）

壬申
庚戌
乙卯
乙酉

兩午一子。是爲子午雙包格。得之者必大貴。壬年見丙午。

是爲偏財臨旺地。甲申見丙午。是爲食神臨旺地。現交戌

運戌爲甲之活祿。又與午合。名利均達。申爲馬甲申爲壬

年之食神坐馬。爲大貴格。

乙庚一合。卯戌一合。爲合貴庚戌乙卯。暗帶辛亥壬子癸

丑甲寅四位。子爲乙貴。壬癸辛爲三奇。亥子丑爲北方水

局。均在暗帶之中。力等于拱現爻。丙運丙沖年上之壬。是

宜見幾乙庚金見卯戌火化氣。得官給盧河祥格同。若以

乙庚見申酉戌觀之亦大貴

（王正廷）

月
德
壬午
戊申　馬
巳酉
丁卯

（李鼎新）
壬戌
乙巳　貴人
巳亥　祿
丙寅

壬戌巳旺于申酉。丁旺于午丁壬化木臨于申月得地卯
為壬貴丁為壬財子平云貴人頭上戴財官門開嗣馬壬
為月德丁壬為月德合是為大貴格申為馬戌申為壬年
之官星坐馬。

巳亥乙巳暗帶庚子辛丑壬寅癸卯甲辰五位卯為壬貴
子為巳貴力等拱貴明見之巳為壬貴亥為壬祿寅亥合
祿丙旺于寅巳壬巳旺于亥不作衝論反為有力壬年見
丙為偏財丙寅為財坐長生為貴格。

（鄭士琦）

癸酉

戊午

乙卯 貴人

戊寅 祿

（唐繼堯）

癸未

庚申

庚寅

癸未 華蓋 貴人

戊癸化火臨于寅午得地。乙卯戊午暗帶丙戊丁巳巳為

癸貴辰為癸之本庫本庫古法作印論癸年見乙卯為食

神坐旺地。

未年生人見未為華蓋凡華蓋須重見為貴年月日時納

晉四木是卽一氣為根格可與薩鎮冰格參看癸為天德。

庚為癸年印坐祿更奇。

（張謇）

癸丑
戊午
己巳 貴
丁卯

丁卯己巳暗帶戊辰為癸之本庫古法作印論戊辰化
火臨于午月火乃得地巳為鳳卯為雷暗帶得辰鳳雷有
力。

（閻錫三）

癸未
辛酉
己酉
乙丑

乙己癸暗合甲戊庚三奇妙在見丑丑未為甲戊庚之貴
八己酉辛酉為十三位己酉為魁星日蘭台妙選云十三
位炳見魁星鳳飛顯職丑為天德。

（李烈鈞）

癸酉

癸亥 馬祿

壬申

庚戌

（梁啟超）

癸酉

甲寅

丙午

癸巳

天干一氣地支一氣亥為天關申為地軸壬癸見申為旺。地癸年坐亥月是為生月坐祿正合消息賦功名赫奕之說惜戌亥為甲子旬之空亡未免美中不足乙丑年必大得意亥為祿馬同宮。

丙午甲寅暗盤丁未戌申己酉庚戌辛亥壬子癸丑甲辰一旬中俱為魁星妙在癸年癸時癸為北方魁星暗帶為北方所領故有文才癸年見丙午是為財臨旺地寅午合。巳酉合癸見巳貴為合貴格。

（梁鴻志）

癸未

甲子

丙戌

辛卯

（姚國楨）

癸未

壬戌

癸丑、

丙辰

癸年子月生月坐祿消息賦云。功名赫奕丙辛化水。卯戌

化火化氣得財大富貴格卯戌又爲合貴格癸年見卯貴

在眇更奇丙戌辛卯暗帶丁亥戊子己丑庚寅除子巳露

外亥爲丙貴寅爲丙辰牛丑爲甲貴丼見壽考。

辰戌丑未四庫俱金壬癸庫于辰丙庫于戌辰爲水庫戌

爲火庫水火之庫己開丑爲金庫可以生辰未爲木庫可

以生戌丙爲天月德妙在癸丑丙辰拱甲寅乙卯卯爲癸

壬之貴人洵推大貴格凡癸日辰時如俟世昌朱啓鈐錢

能訓汪大燮俱大貴此正財坐庫之力。

（張載揚）

癸酉
乙丑
庚寅
丙子

（許世英）

癸酉
辛酉
乙丑
辛巳

乙庚一合子丑一合化氣得印庚為天月德丑為庚日貴

八難在天月德見合洵大貴格。

癸之本體為水化氣為火見巳酉丑於化氣為財乙之本
體為木化氣為金見巳酉丑于化氣為同類故乙木不畏
巳酉丑妙在巳宮庚金與乙相合丑為華蓋癸見乙為食
神坐華蓋會元陸增煒年月日與此命同其時為乙酉則
不同癸蓋巳宮之庚金與乙合甚為有力。

乙丑仲秋

新增萬年書

山陰隴西山人校正

新增 萬年書

【起八字訣】

●年上遁月

甲己之年丙作首乙庚之歲戊為頭丙辛之歲尋庚上丁壬壬位順行流更有

戊癸何處起甲寅之上好追求細語世人相傳記覓得當事時用疑

●日上遁時

甲己還加甲乙庚丙作初丙辛從戊起丁丑庚子居戊癸何子發壬子是真途

●看命式

凡看命排下八字以日為主取年為根為上祖纘知世派之盛衰取月為苗為

父母則知親蔭之有無日干為身支為妻時為花寔為子息方知嗣續之所

歸法分月焉淺深得令不得令年時露出財官須要身旺如身衰財旺多反

破財傷身身旺財多財亦旺財多稱意若無財官次看印綬得何局勢吉凶

斷之學者不可執泥而不知通變也

◎月令詳辯

假令年為本帶官星印綬則年上有官出自祖宗月為提綱帶官星印綬則懷

慨聰明見識高人時為輔佐平生操履若年月日有吉則時要歸生旺之處

若凶神則要歸時制伏之鄉時上吉凶神則要年月日吉者主之凶者制之

假令月令有用神得父母力年有用神得神宗力時有用神得子孫力反此

不吉也

◎起大運法陽男陰女

如甲子年甲已之年丙作首正月建丙寅初一日立春後一日生男折除三日

如一年順數至二月驚蟄十三三十日起十歲丁卯是也如乙丑年乙庚之

歲戊爲頭正月起戊寅初一立春十八日生女順數至二月驚蟄四二十二

日四歲運已卯順行是也餘倣此

⊕起大運法陰男陽女

如乙丑年乙庚之歲戊爲頭正月起戊寅初二立春後十五日生男逆數至初

一立春正五三十五五歲運逆行如甲子年甲已之年丙作首正月丙寅初

一立春後十日生女逆數至初一日立春止得九日三軍九三歲運逆行

餘倣此

⊕子平舉要

造化先須看日主坐官坐印衰強取天時月令號提綱原有原無輕重舉露官

藏殺方爲福露殺藏官是起禍胎殺官俱露將何擬混雜須殺議官官怕損忌

刑冲官輕見財爲福利年上傷官最可嫌怕傷官不可觸傷官用財乃爲財

福絕官衰禍亦然貪合忘官榮不足貪合忘殺為已福堪嗟身弱并財多更

歷官鄉禍相逢財多身弱食神來坐殺必為灾會合天地有刑尅逢生細推

裁

◉江湖摘錦

用之為官不可傷用之為財不可刼用之印綬不可破用之食神不可奪若有

七殺須要制制服太過反為凶傷官眞怕行官運傷官尤喜見財星印綬好

殺嫌財旺羊刃怕冲喜合迎比肩要逢七殺制七殺尤喜見食神此是子平

撮要法江湖術者仔細明

◉男命小運定局

壬申〔八〕	辛未〔七〕	庚午〔六〕	己巳〔五〕	戊辰〔四〕	丁卯〔三〕	丙寅〔二〕	乙丑〔一〕
庚辰〔十六〕	己卯〔十五〕	戊寅〔十四〕	丁丑〔十三〕	丙子〔十二〕	乙亥〔十一〕	甲戌〔十〕	癸酉〔九〕
戊子〔廿四〕	丁亥〔廿三〕	丙戌〔廿二〕	乙酉〔廿一〕	甲申〔二十〕	癸未〔十九〕	壬午〔十八〕	辛巳〔十七〕
丙申〔三二〕	乙未〔三一〕	甲午〔三十〕	癸巳〔廿九〕	壬辰〔廿八〕	辛卯〔廿七〕	庚寅〔廿六〕	己丑〔廿五〕
甲辰〔四十〕	癸卯〔三九〕	壬寅〔三八〕	辛丑〔三七〕	庚子〔三六〕	己亥〔三五〕	戊戌〔三四〕	丁酉〔三三〕
壬子〔四八〕	辛亥〔四七〕	庚戌〔四六〕	己酉〔四五〕	戊申〔四四〕	丁未〔四三〕	丙午〔四二〕	乙巳〔四一〕

此法陽命甲子時生則行乙丑二歲丙寅陰則癸亥週而復始

◎女命小運定局

起八字訣終

癸丑	乙巳	丁酉	己丑	辛巳	癸酉	乙丑			
歲四九	歲四一	歲三三	歲二五	歲十七	歲九	歲一			
	丙午	戊戌	庚寅	壬午	甲戌	丙寅			
	歲五十	歲四二	歲三四	歲十八	歲十	歲二			
	丁未	己亥	辛卯	癸未	乙亥	丁卯			
	歲五一	歲四三	歲三五	歲十九	歲十一	歲三			
	戊申	庚子	壬辰	甲申	丙子	戊辰			
	歲五二	歲四四	歲三六	歲二十	歲十二	歲四			
	己酉	辛丑	癸巳	乙酉	丁丑	己巳			
	歲五三	歲四五	歲三七	歲二一	歲十三	歲五			
	庚戌	壬寅	甲午	丙戌	戊寅	庚午			
	歲五四	歲四六	歲三八	歲二二	歲十四	歲六			
	辛亥	癸卯	乙未	丁亥	己卯	辛未			
	歲五五	歲四七	歲三九	歲二三	歲十五	歲七			
	壬子	甲辰	丙申	戊子	庚辰	壬申			
	歲五六	歲四八	歲四十	歲二四	歲十六	歲八			

嘉慶十七年壬申

新增萬年書

七

正月小乙
　亥　初八壬午丑初一刻雨水
　酉　廿二丙申夜子三刻驚蟄

二月小甲
　未　初九壬子丑初二刻春分
　酉　廿四丁卯正初刻清明

三月大癸
　巳　初十壬午未正初刻穀雨
　未　廿六戊戌丑初初刻立夏

四月小癸
　亥　十一癸丑未正二刻小滿
　卯　廿七己巳卯正一刻芒種

五月大壬
　辰　十三甲申夜子一刻夏至
　午　廿九庚子酉初初刻小暑
　申

六月小壬
　戌　十五丙辰巳正一刻大暑
　子
　寅

七月大辛
　卯　初二壬申丑正三刻立秋
　巳　十七丁亥申正三刻處暑
　未

八月小辛
　酉　初三癸卯寅正三刻白露
　亥　十八戊午未初二刻秋分
　丑

九月大庚
　寅　初四癸酉戌初一刻寒露
　辰　十九戊子亥初二刻霜降
　午

十月大庚
　申　初四癸酉亥初初刻立冬
　戌　十九戊午酉初三刻小雪
　子

十一月大庚
　寅　初四癸酉午正二刻大雪
　辰　十九戊子卯正初刻冬至
　午

十二月小庚
　申　初三壬寅夜子初刻小寒
　戌　十八丁巳申正二刻大寒
　子

嘉慶十八年癸酉

正月大己　巳
十九丁亥辰初初刻立春
初四壬申巳正一刻雨水

二月小巳　未酉亥
十九丁巳辰初一刻春分
初四壬寅卯初三刻驚蟄

三月大戊　子寅辰
二十丁亥戌初二刻穀雨
初五壬申午正初刻清明

四月小戊　午申戌
廿一戊午戌正一刻小滿
初六癸卯卯正三刻立夏

五月小丁　亥丑卯
廿四庚寅卯初初刻夏至
初八甲戌午正初刻芒種

六月小丙　辰午申
廿六辛酉申正初刻大暑
初十乙巳亥正三刻小暑

七月大乙　酉亥丑
廿八壬辰亥正二刻處暑
十三丁丑辰正一刻立秋

八月小乙　卯巳未
廿九癸亥戌初一刻秋分
十四戊申巳正一刻白露

九月大甲　申戌子
十六己卯丑初初刻寒露

十月大甲　寅辰午
初一甲午寅初二刻霜降
十六己亥夜子三刻立冬

十一月大甲　申戌子
三十癸巳午正初刻冬至
十五戊寅酉正二刻大雪

十二月小甲　寅辰午
廿九壬戌亥正一刻大寒
十五戊申卯初一刻小寒

嘉慶十九年甲戌

正月大癸　亥　十五丁丑申正二刻立春　三十壬辰午正三刻雨水

二月大癸　巳　未酉　十五丁未午初二刻驚蟄　三十壬戌未初初刻春分

閏二月小癸　亥　酉　十五丁丑酉初三刻清明

三月大壬　子寅辰　初一癸巳丑初三刻穀雨　十七戊申午正二刻立夏

四月小壬　午申戌　初三甲子丑正一刻小滿　十八己卯酉初三刻芒種

五月小辛　亥丑卯　初五乙未午初初刻夏至　廿一辛亥寅正二刻小暑

六月小庚　辰午申　初七丙寅亥正初刻大暑　廿三壬午未正二刻立秋

七月大己　丑　亥　初十戊戌辰正三刻處暑　廿五癸丑申正一刻白露

八月小己　卯　巳未酉　十一己巳丑初一刻秋分　廿六甲申卯正三刻寒露

九月大戊　申戌子卯　十二己亥巳初二刻霜降　廿七甲寅辰正三刻立冬

十月大戊　午　寅辰　十二己亥巳初二刻小雪　廿七甲申子正一刻大雪

十一月小戊　申戌子　十一戊戌酉初三刻冬至　廿六癸丑巳正三刻小寒

十二月大丁　丑卯巳　十二戊辰寅正初刻大寒　廿六壬午亥正二刻立春

嘉慶二十年乙亥

正月大丁　亥丑卯
十一丁酉正三刻雨水
廿六壬子酉初一刻驚蟄

二月大丁　巳卯丑
十一丁卯酉正三刻春分
廿六壬午夜子二刻清明

三月小丁　亥酉未
十二戊戌辰初三刻穀雨
廿七癸丑酉正一刻立夏

四月小丙　辰寅子
十四己巳辰正初刻小滿
廿九甲申夜子二刻芒種

五月大乙　酉未巳
十六庚子申正三刻夏至

六月小乙　卯丑亥
初二丙辰巳正一刻小暑
十八壬申辰初三刻大暑

七月小甲　申午辰
初四丁亥戌正初刻立秋
二十癸卯巳正一刻處暑

八月大癸　丑亥酉
初六戊午亥正初刻白露
廿二甲戌辰初初刻秋分

九月小癸　未巳卯
初七己丑未正二刻寒露
廿二甲辰申初初刻霜降

十月大壬　子戌申
初八己未未正二刻立冬
廿三甲戌午初一刻小雪

十一月小壬　午辰寅
初八己丑卯正初刻大雪
廿二癸卯夜子二刻冬至

十二月大辛　亥酉未
初八戊午申正二刻小寒
廿三癸酉巳正初刻大寒

新增萬年書

嘉慶二十一年內子

正月大辛　巳
　初八戊子寅正一刻立春
　廿三癸卯子正二刻雨水

二月大辛　卯丑
　初七丁巳夜子初刻驚蟄
　廿三癸酉子正三刻春分

三月小辛　亥酉未
　初八戊子卯初一刻清明
　廿三癸卯未初一刻穀雨

四月大庚　戌申午
　初十己未子正一刻立夏
　廿五甲戌未初三刻小滿

五月小庚　辰寅子
　十一庚寅卯初二刻芒種
　廿六乙巳亥正二刻夏至

六月大己　巳未丙
　十三辛酉申正一刻小暑
　廿九丁丑巳初二刻大暑

閏六月小己　卯丑亥
　十五癸巳丑初三刻立秋

七月小戊　申午辰
　初一戊申寅正初刻處暑
　十七甲子寅正初刻白露

八月大丁　丑亥酉
　初三己卯午正三刻秋分
　十八甲午酉正二刻寒露

九月小丁　未巳卯
　初三己酉戌正一刻霜降
　十八甲子午正初刻立冬

十月大丙　子戌申
　初四己卯酉初二刻小雪
　十九甲午午正一刻大雪

十一月小丙　午辰寅
　初四己酉申初二刻冬至
　十八癸亥亥正二刻小寒

十二月大乙　亥酉未
　初四戊寅寅初二刻大寒
　十九癸巳巳正初刻立春

十一

新增萬年書

嘉慶二十二年丁丑

正月大乙
丑卯巳
十九癸亥卯正初一刻驚蟄
初四戊申卯正一刻雨水

二月小乙
亥酉未
十九癸巳午初一刻清明
初四戊寅卯初二刻春分

三月大甲
子寅辰
廿一甲申戌初初刻立夏
初一甲子卯正初刻穀雨

四月大甲
午申戌
廿二乙卯午初二刻芒種
初二乙未午初一刻小滿

五月小甲
子寅辰
廿三丙寅亥正初刻小暑
初八辛亥寅正一刻夏至

六月大癸
巳未酉
廿六戊戌辰初二刻立秋
初十壬午申初一刻大暑

七月小癸
亥丑卯
廿七己巳巳初三刻白露
十一癸丑亥正初刻處暑

八月大壬
辰午申
廿九庚子子正一刻寒露
十三甲申酉正二刻秋分

九月小壬
戌子寅
廿九庚午丑正初刻立冬
十四乙卯夜子初刻霜降

十月小辛
卯巳未
廿九己亥夜子初三刻大雪
十四甲申巳正三刻小雪

十一月大庚
子戌申
三十己巳寅正一刻小寒
十五甲寅午初一刻冬至

十二月小庚
午辰寅
廿九戊戌申正初刻立春
十四癸未亥初二刻大寒

嘉慶二十三年戊寅

正月大己
亥 酉 未
十五癸丑午正一刻雨水
三十戊辰巳正三刻驚蟄

二月小己
巳 卯 丑
十五癸未午正一刻春分
三十戊戌酉初初刻清明

三月大戊
戌 申 午
初一戊戌酉初初刻清明
十七甲寅子正三刻穀雨

四月大戊
子 寅 辰
初二己巳午初三刻立夏
十八乙酉丑初一刻小滿

五月小戊
午 申 戌
初三庚子酉初初刻芒種
十九丙辰巳正一刻夏至

六月大丁
亥 丑 卯
初六壬申寅初三刻小暑
廿一丁亥亥初初刻大暑

七月大丁
巳 未 酉
初七癸卯未初二刻立秋
廿三己巳寅初三刻處暑

八月小丁
亥 丑 卯
初八甲戌申初二刻白露
廿四庚寅子正三刻秋分

九月大丙
辰 午 申
初十乙巳卯正初刻寒露
廿五庚申辰正二刻霜降

十月小丙
戌 子 寅
初十乙亥辰正初刻立冬
廿五庚寅寅正三刻小雪

十一月小乙
卯 巳 未
初十甲辰夜子二刻大雪
廿五己未酉初初刻冬至

十二月大甲
申 戌 子
十一甲戌巳正初刻小寒
廿六己丑寅初初刻大寒

嘉慶二十四年己卯

十四

五四

正月小甲
寅辰午
初十癸卯亥初三刻立春
廿五戊午酉正初刻雨水

二月大癸
未酉亥
十一癸酉申正二刻驚蟄
廿六戊子酉正初刻春分

三月小癸
卯巳
十一癸卯亥正三刻清明
廿七己未卯正三刻穀雨

四月大壬
午申戌
十三甲戌酉初二刻立夏
廿九庚寅辰初一刻小滿

閏四月小壬
子寅辰
十四乙巳亥初三刻芒種

五月大辛
巳未酉
初一辛酉申正初刻夏至
十七丁丑巳初二刻小暑

六月大辛
亥丑卯
初三癸巳寅初初刻大暑
十八戊申戌初一刻立秋

七月小辛
巳未酉
初四甲子巳初二刻處暑
十九己卯亥初二刻白露

八月大庚
戌子寅
初六乙未卯正初刻秋分
廿一庚戌午初三刻寒露

九月大庚
辰午申
初六乙丑未正一刻霜降
廿一庚辰未初三刻立冬

十月小庚
戌子寅
初六乙未巳正二刻小雪
廿一庚戌卯初二刻大雪

十一月大巳
卯巳未
初六甲子夜子初刻冬至
廿一巳卯申正初刻小寒

十二月小巳
酉亥
初六甲午巳初一刻大寒
廿一巳酉寅初二刻立春

嘉慶二十五年庚辰

正月小戊　寅辰午
初六癸丑夜子三刻雨水
廿一戊寅亥正二刻驚蟄

二月大丁　未酉亥
初八甲午子正初刻春分
廿三己酉寅正二刻清明

三月小丁　丑卯巳
初八甲子午正二刻穀雨
廿三己卯夜子一刻立夏

四月大丙　午申戌
初十乙未未初初刻小滿
廿六辛亥寅正三刻芒種

五月小丙　子寅辰
十一丙寅亥初二刻夏至
廿七壬午申初一刻小暑

六月大乙　巳未酉
十四戊戌辰正三刻大暑
三十甲寅丑初初刻立秋

七月小乙　亥丑卯
十五己巳申初一刻處暑

八月大甲　辰午申
初二乙酉戌初二刻白露
十七庚子午正初刻秋分

九月大甲　戌子寅
初二乙卯酉初三刻寒露
十七庚午戌正一刻霜降

十月大甲　辰午申
初二乙酉戌初二刻立冬
十七庚子申正二刻小雪

十一月小甲　戌子寅
初二乙卯午初二刻大雪
十七庚午寅正三刻冬至

十二月大癸　卯巳未
初二甲申亥初三刻小寒
十七己亥申初初刻大寒

道光元年辛巳

新增萬年書

正月小癸 酉亥丑
初二甲寅巳初二刻立春
十七己巳卯初二刻雨水

二月小壬 寅辰午
初三甲申寅正一刻驚蟄
十八己亥卯初三刻春分

三月大辛 未酉亥
初四甲寅巳正二刻清明
十九己巳酉正一刻穀雨

四月小辛 丑卯巳
初五乙卯酉正初一刻立夏
二十庚子酉正三刻小滿

五月小庚 午申戌
初七丙辰巳正二刻芒種
廿三壬申寅初二刻夏至

六月大己 亥丑卯
初九丁亥亥初一刻小暑
廿五癸卯未正二刻大暑

七月小己 巳未酉
十一乙未卯正三刻立秋
廿六甲戌亥初一刻處暑

八月大戊 戌子寅
十三庚寅巳初初刻白露
廿八乙巳酉初三刻秋分

九月大戊 辰午申
十三庚申夜子二刻寒露
廿九丙子丑初初刻霜降

十月大戊 戌子寅
十四辛卯丑初二刻立冬
廿八乙巳亥正二刻小雪

十一月小戊 辰午申
十三庚申酉初初刻大雪
廿八乙亥巳正二刻冬至

十二月大丁 酉亥丑
十四庚寅寅正二刻小寒
廿八甲辰戌正二刻大寒

道光二年壬午

正月大丁
卯巳未
十三巳未申初一刻立春
廿八甲戌午初二刻雨水

二月小丁
酉亥丑
十三巳丑巳正一刻驚蟄
廿八甲辰午初三刻春分

三月大丙
寅辰午
十四巳未申正一刻清明
三十乙亥子正初刻穀雨

閏三月小丙
申戌子
十五庚寅午初初刻立夏

四月小乙
巳卯丑
初二丙午子正二刻小滿
十七辛酉申正一刻芒種

五月小甲
午申戌
初四丁丑巳初一刻夏至
二十癸巳寅初初刻小暑

六月大癸
亥丑卯
初六戊申戌正一刻大暑
廿二甲子午正二刻立秋

七月小癸
巳未酉
初八庚辰寅初初刻處暑
廿三乙未未正三刻白露

八月大壬
戌子寅
初九庚戌夜子三刻秋分
廿五丙寅卯初一刻寒露

九月大壬
辰午申
初十辛亥巳初二刻霜降
廿五丙申辰正一刻立冬

十月小壬
戌子寅
初十辛巳寅正初刻小雪
廿四乙丑夜子初刻大雪

十一月大辛
卯巳未
初十庚辰申正二刻冬至
廿五乙未巳初二刻小寒

十二月大辛
酉亥丑
初十庚戌丑正三刻大寒
廿四甲子亥初初刻立春

道光三年癸未

正月大辛　巳未卯
廿四甲午申正初刻驚蟄
初九巳卯酉初一刻雨水

二月小辛　酉亥丑
廿四甲子亥正初刻清明
初九巳酉西正二刻春分

三月大庚　寅辰午
廿六乙未申中正三刻立夏
十一庚辰卯正初刻穀雨

四月小庚　申戌子
廿七丙寅亥正初刻芒種
十二辛亥卯正二刻小滿

五月小巳　巳卯丑
十四壬午申初初刻夏至

六月小戊　午申戌
十七甲寅丑正一刻大暑
初一戊戌辰正三刻小暑

七月大丁　亥丑卯
十九乙酉辰正三刻處暑
初三巳酉正二刻立秋

八月小丁　巳未酉
二十丙辰卯初四刻秋分
初四庚子戌正二刻白露

九月大丙　戌子寅
廿一丙戌未初二刻霜降
初六辛未午初一刻寒露

十月小丙　辰午申
廿一丙辰巳正初刻小雪
初六辛丑未初初刻立冬

十一月大乙　酉亥丑
廿二乙酉亥正一刻冬至
初七辛未寅正三刻大雪

十二月大乙　卯巳未
廿一乙卯辰正二刻大寒
初六庚子申初一刻小寒

新增萬年書

道光四年甲申

正月大乙
酉亥丑
初六庚寅寅初初刻立春
二十甲申夜子初初刻雨水

二月小乙
巳未
初五己亥亥初三刻驚蟄
二十庚寅夜子一刻春分

三月大甲
卯巳未
初七庚子寅初三刻清明
廿二乙酉午正初刻穀雨

四月小甲
寅辰午
初七庚午亥正一刻立夏
廿三丙辰辰初初刻小滿

五月大癸
未酉亥
初十壬申辰初三刻芒種
廿五丁亥亥初初刻夏至

六月小癸
丑卯巳
十一癸卯未正二刻小暑
廿七己未辰初初刻大暑

七月小壬
午申戌
十四乙亥子正一刻立秋
廿九庚寅未正二刻處暑

閏七月大辛
亥丑卯
十六丙午丑正二刻白露

八月小辛
巳未酉
初一辛酉午正一刻秋分
十六丙子酉初初刻寒露

九月大庚
戌子寅
初二辛卯戌初二刻霜降
十七丙午巳正二刻立冬

十月小庚
辰午申
初二辛酉申初三刻小雪
十七丙子巳正二刻大雪

十一月大己
酉亥丑
初三辛卯寅正初刻冬至
十七乙巳亥初初刻小寒

十二月大己
卯巳未
初二庚申未正一刻大寒
十七乙亥辰正三刻立春

道光五年乙酉

正月大巳
酉亥丑
初二庚寅卯初初刻雨水
十七乙巳寅初二刻驚蟄

二月小巳
巳未
初二庚申卯初初刻春分
十七乙亥巳初三刻清明

三月大戊
申戌子
初三庚寅酉正初二刻穀雨
十九丙午寅正二刻立夏

四月小戊
寅辰午
初四辛酉正初三刻小滿
二十丁丑巳初三刻芒種

五月大丁
未酉亥
初七癸巳丑正三刻夏至
廿二戊申戌正一刻小暑

六月小丁
丑卯巳
初八甲子未初三刻大暑
廿四庚辰卯正初刻立秋

七月小丙
午申戌
初十乙未戌正一刻處暑
廿六辛亥辰正一刻白露

八月大乙
亥丑卯
十二丙寅酉初初刻秋分
廿七辛巳亥正三刻寒露

九月小乙
巳未酉
十三丁酉丑初一刻霜降
廿八壬子子正三刻立冬

十月大甲
戌子寅
十三丙寅亥初二刻小雪
廿八辛巳申正二刻大雪

十一月小甲
辰午申
十三丙申巳正初刻冬至
廿八辛亥寅初初刻小寒

十二月大癸
酉亥丑
十三乙丑戌正一刻大寒
廿八庚辰未正二刻立春

道光六年丙戌

正月大癸	二月小癸	三月大壬	四月大壬	五月小壬	六月大辛
卯巳未	酉亥丑	寅辰午	申戌子	寅辰午	未酉亥
廿八庚戌巳初一刻雨水	廿八庚辰申初二刻清明	三十辛亥巳正一刻立夏	十五丙寅夜子三刻小滿	十七戊戌辰正二刻夏至	十九己巳戌初二刻大暑
十三乙未巳正三刻驚蟄	十三乙丑巳正三刻春分	十四乙未夜子一刻穀雨		初一壬午申初二刻芒種	初四甲寅丑正一刻小暑

七月小辛	八月小庚	九月大己	十月小己	十一月大戊	十二月小戊
丑卯巳	午申戌	亥丑卯	巳未酉	戌子寅	辰午申
廿一辛丑丑正一刻處暑	廿二辛未夜子初刻秋分	廿四壬寅辰初初刻霜降	廿四壬申寅初二刻小雪	廿四辛丑申初二刻冬至	廿四辛未酉正三刻大寒
初五乙酉午初三刻立秋	初七丙辰未正初刻白露	初九丁亥寅正二刻寒露	初九丁巳卯正二刻立冬	初九丙戌亥正一刻大雪	初九丙辰辰正三刻小寒

道光七年丁亥

正月大丁　酉亥丑
初九乙酉戌正二刻立春
廿四庚子申正二刻雨水

二月小丁　卯巳未
初九乙卯申初二刻驚蟄
廿四庚午申正三刻春分

三月大丙　申戌子
初十乙酉亥初一刻清明
廿六辛丑卯初一刻穀雨

四月大丙　寅辰午
十一丙辰申正初刻立夏
廿七壬申卯初二刻小滿

五月小丙　子戌申
十二丁亥亥初一刻芒種
廿八癸卯未正一刻夏至

閏五月大乙　丑卯巳
十五己未辰正初刻小暑

六月小乙　未酉亥
初一乙亥丑初一刻大暑
十六庚寅酉初二刻立秋

七月大甲　子寅辰
初三丙午辰正初刻處暑
十八辛酉戌初二刻白露

八月小甲　午申戌
初四丁丑寅正初刻秋分
十九壬辰巳正二刻寒露

九月大癸　亥丑卯
初五丁未未初一刻立冬
二十壬戌午正一刻霜降

十月小癸　巳未酉
初五丁丑巳初一刻大雪
二十壬辰寅正初刻小雪

十一月大壬　戌子寅
初五丙午亥初二刻冬至
二十辛酉未正二刻小寒

十二月小壬　辰午申
初五丙子辰初三刻立春
二十辛卯丑正一刻大寒

二十二

道光八年戊子

正月大辛　丑亥酉
- 初五乙巳亥正二刻雨水
- 二十庚申亥初初刻驚蟄

二月小辛　未巳卯
- 初五乙亥亥正二刻春分
- 廿一辛卯寅初初刻清明

三月大庚　申戌子
- 初七丙午午初初刻穀雨
- 廿二辛酉申初三刻立夏

四月小庚　寅辰午
- 初八丁丑午初二刻小滿
- 廿四癸巳寅初初刻芒種

五月大巳　未酉亥
- 初十戊申戌正一刻夏至
- 廿六甲子未初三刻小暑

六月大巳　丑卯巳
- 十二庚辰辰初一刻大暑
- 廿七乙未夜子二刻立秋

七月小巳　未酉亥
- 十二辛亥未初三刻處暑
- 廿九丁卯丑初二刻白露

八月大戊　子寅辰
- 十五壬午巳正二刻秋分
- 三十丁酉申正一刻寒露

九月小戊　午申戌
- 十五壬子酉正三刻霜降

十月大丁　亥丑卯
- 初一丁卯酉正一刻立冬
- 十六壬午申初初刻小雪

十一月小丁　巳未酉
- 初一丁酉巳初初刻大雪
- 十六壬子寅初二刻冬至

十二月大丙　戌子寅
- 初一丙寅戌正二刻小寒
- 十六辛巳未初三刻大寒

道光九年巳丑

正月小丙
辰午申
初一丙申辰正初刻立春
十六辛亥寅正一刻雨水

二月大乙
酉亥丑
初二丙寅丑正三刻驚蟄
十七辛巳寅正三刻春分

三月小乙
巳未
初二丙申巳初初刻清明
十七辛亥申正三刻穀雨

四月大甲
申戌子
初四丁卯寅初三刻立夏
十九壬午酉初一刻小滿

五月小甲
寅辰午
初五戊戌辰正三刻芒種
廿一甲午丑正初刻夏至

六月大癸
未酉亥
初七己巳戌初二刻小暑
廿三乙酉未初初刻大暑

七月小癸
丑卯巳
初九辛丑卯初一刻立秋
廿四丙辰戌初二刻處暑

八月大壬
午申戌
十一壬申亥初二刻白露
廿六丁亥申正一刻秋分

九月大壬
子寅辰
十二壬寅亥正初刻寒露
廿七戊午子正二刻霜降

十月小壬
午辛戌
十二癸酉子正初刻立冬
廿六丁亥亥初初刻小雪

十一月大辛
亥丑卯
十一壬寅申初三刻大雪
廿七丁巳巳初一刻冬至

十二月大辛
巳未酉
十二壬申丑正一刻小寒
廿六丙戌戌初一刻大寒

道光十年庚寅

正月小辛			二月小庚			三月大己			四月小己			閏四月小戊			五月大丁		
亥	丑	卯	辰	午	申	酉	亥	丑	卯	巳	未	申	戌	子	丑	卯	巳

正月小辛　十一辛丑未初三刻立春　廿六丙辰巳正初刻雨水
二月小庚　十二辛未辰正三刻驚蟄　廿七丙戌巳正初刻春分
三月大己　十三辛丑未正三刻清明　廿八丙辰亥正二刻穀雨
四月小己　十四壬申巳初二刻立夏　廿九丁亥子俊子初刻小滿
閏四月小戊　十六癸卯未正三刻芒種
五月大丁　初三巳未辰初三刻夏至　十九乙亥丑初一刻小暑

六月小丁		七月大丙			八月大丙			九月小丙			十月大乙			十一月大乙			十二月大乙		
未	酉	亥	子	寅	辰	午	申	戌	子	寅	辰	巳	未	酉	亥	丑	卯	巳	未	酉

六月小丁　初四庚寅酉正三刻立秋　二十丙午午初初刻大暑
七月大丙　初七壬戌丑初二刻白露　廿二丁丑未初一刻處暑
八月大丙　初七壬辰亥正三刻秋分　廿三戊申寅初二刻寒露
九月小丙　初八癸亥卯正一刻立冬　廿三戊寅卯初三刻霜降
十月大乙　初九癸巳丑正三刻小雪　廿三丁未亥初二刻大雪
十一月大乙　初八壬戌申初初刻冬至　廿三丁丑辰正初刻小寒
十二月大乙　初八壬辰丑初一刻大寒　廿二丙午戌初三刻立春

新增萬年書

道光十一年辛卯

正月小乙
亥丑卯
初七辛酉申正三刻雨水
廿三丙子未正二刻驚蟄

二月小甲
辰午申
初八辛卯申正初刻春分
廿三丙午戌正二刻清明

三月大癸
酉亥丑
初十壬戌寅正二刻穀雨
廿五丁丑申初一刻立夏

四月小癸
卯巳未
十一癸巳寅正三刻小滿
廿六戊申戌正二刻芒種

五月小壬
子戌申
十三甲子未初二刻夏至
廿九庚辰辰初一刻小暑

六月大辛
丑卯巳
十六丙申子正二刻大暑

七月小辛
未酉亥
初一辛亥申正三刻立秋
十七丁卯申初一刻處暑

八月大庚
子寅辰
初三壬午戌初初刻白露
十九戊寅寅初初刻秋分

九月小庚
午申戌
初四癸未午正一刻寒露
十九戊戌辰正一刻霜降

十月大己
亥丑卯
初五癸丑寅初一刻立冬
十九戊辰戌正二刻小雪

十一月大己
巳未酉
初五癸丑寅初一刻大雪
十九丁卯亥初初刻冬至

十二月大己
亥丑卯
初四壬午未正初刻小寒
十九丁酉辰初一刻大寒

道光十二年壬辰

正月小　己
　（巳未酉）
初四壬子丑初二刻立春
十八丙寅亥初三刻雨水

二月大　戊
　（戌子寅）
初四辛巳戌正二刻驚蟄
十九丙申亥初三刻春分

三月小　戊
　（辰午申）
初五壬子丑正二刻清明
二十丁卯巳正一刻穀雨

四月大　丁
　（酉亥丑）
初六壬午亥初初刻立夏
廿二戊戌巳正三刻小滿

五月小　丁
　（卯巳未）
初八甲寅丑正一刻芒種
廿三己巳戌初一刻夏至

六月小　丙
　（申戌子）
初十乙酉未初初一刻小暑
廿六辛丑卯正一刻大暑

七月大　乙
　（丑卯巳）
十二丙辰亥正二刻立秋
廿八壬申未初初刻處暑

八月小　乙
　（未酉亥）
十四戊子酉正三刻白露
廿九癸卯卯正初刻秋分

九月大　甲
　（子寅辰）
十五戊午申初二刻寒露
三十癸酉巳正初刻霜降

閏九月小　甲
　（午申戌）
十五戊子午初二刻立冬

十月大　癸
　（亥丑卯）
初一癸卯巳初一刻小雪
十六戊午未正一刻大雪

十一月大　癸
　（巳未酉）
初一癸酉未正三刻冬至
十六戊子卯正三刻小寒

十二月大　癸
　（亥丑卯）
初一癸卯辰初一刻大寒
十五丁巳寅初一刻立春
三十壬申辰初一刻雨水

道光十三年癸巳

正月小癸
酉 未 巳
十五丁亥丑正初刻驚蟄

二月大壬
戌 子 寅
初一壬申申正二刻春分
十六丁巳辰正一刻清明

三月小壬
辰 午 申
初一壬寅申正初刻穀雨
十七戊子寅初初刻立夏

四月大辛
酉 亥 丑
初三癸卯申正二刻小滿
十九巳未辰正初刻芒種

五月小辛
卯 巳 未
初五乙亥丑正一刻夏至
二十庚寅酉正三刻小暑

六月小庚
申 戌 子
初七丙午午正一刻大暑
廿三壬戌寅正二刻立秋

七月大巳
丑 卯 巳
初九丁丑酉正三刻處暑
廿五癸巳卯正三刻白露

八月小巳
未 酉 亥
初十戊申申初二刻秋分
廿五癸亥亥初一刻寒露

九月大戊
子 寅 辰
十一戊寅夜子一刻霜降
廿六癸巳夜子一刻立冬

十月小戊
午 申 戌
十一戊申戌正一刻小雪
廿六癸亥申初初刻大雪

十一月大丁
亥 丑 卯
十二戊寅辰正二刻冬至
廿七癸巳丑初二刻小寒

十二月大丁
巳 未 酉
十一丁未酉正三刻大寒
廿六壬戌未初一刻立春

道光十四年甲午

正月小丁
卯　丑　亥
十一丁丑巳初一刻雨水
廿六壬辰辰正初刻驚蟄

二月大丙
申　午　辰
十二丁未巳初二刻春分
廿七壬戌未正初刻清明

三月大丙
寅　子　戌
十二丁丑亥初三刻穀雨
廿八癸巳辰正三刻立夏

四月大丙
申　午　辰
十三戊申亥正一刻小滿
廿九丙子未正初刻芒種

五月大乙
丑　亥　酉
十四戊寅未正初刻小暑
十六庚辰辰初初刻夏至

六月小乙
卯　巳　未
十二丙申子正二刻小暑
十七辛亥酉正初刻大暑

七月小甲
申　戌　子
初四丁卯巳正二刻立秋
二十癸未子正二刻處暑

八月大癸
丑　卯　巳
初六戊戌午正三刻白露
廿一癸丑亥初二刻秋分

九月小癸
未　酉　亥
初七巳巳寅初一刻寒露
廿二甲申卯初三刻霜降

十月大壬
子　寅　辰
初八巳亥卯初一刻立冬
廿三甲寅丑正初刻小雪

十一月小壬
午　申　戌
初七戊辰寅未正一刻大雪
廿二癸未未正一刻冬至

十二月大辛
亥　丑　卯
初八戊戌辰初一刻小寒
廿三癸丑子正三刻大寒

道光十五年乙未

正月 小辛
酉未巳
初七丁卯戌初初刻立春
廿二壬午申初一刻雨水

二月 大庚
寅子戌
初八丁酉未初三刻驚蟄
廿三壬子申初一刻春分

三月 大庚
申午辰
初九戊戌未正二刻清明
廿四癸未寅初三刻穀雨

四月 小庚
寅子戌
初十己亥巳初一刻立夏
廿五甲寅寅正初刻小滿

五月 大己
未巳卯
十一己巳戌初三刻芒種
廿七乙酉午正三刻夏至

六月 大己
丑亥酉
十三辛丑卯正三刻小暑
廿八丙辰夜子三刻大暑

閏六月 小己
卯巳未
十四壬申申正初刻立秋

七月 小戊
申戌子
初一戊子卯正二刻處暑
十六癸卯酉正一刻白露

八月 大丁
丑卯巳
初三己未寅初一刻秋分
十八甲戌巳初初刻寒露

九月 小丁
未酉亥
初四己丑午初二刻霜降
十八甲辰午初初刻立冬

十月 大丙
子寅辰
初四己未辰初三刻小雪
十九甲戌丑正三刻大雪

十一月 小丙
午申戌
初三戊子戌正一刻冬至
十八癸卯未初一刻小寒

十二月 大乙
亥丑卯
初四戊午卯正二刻大寒
十九癸酉子正三刻立春

道光十六年丙申

正月小乙　酉未巳
　十八壬寅戌初二刻驚蟄
　初三丁亥亥初初刻雨水

二月大甲　戌子寅
　二十癸酉丑初三刻清明
　初四乙巳亥初初刻春分

三月小甲　辰午申
　二十癸卯戌正一刻立夏
　初五戊子巳初二刻穀雨

四月小癸　酉亥丑
　廿三乙亥丑初二刻芒種
　初七巳未巳初三刻小滿

五月大癸　卯巳未
　廿四丙午午正一刻小暑
　初八庚寅酉正二刻夏至

六月小癸　酉亥丑
　廿五丁丑亥初三刻立秋
　初十壬戌卯初二刻大暑

七月大壬　寅辰午
　廿八巳酉子正初刻白露
　十二癸巳午正一刻處暑

八月小壬　申戌子
　廿八巳卯未初三刻寒露
　十三甲子巳初初刻秋分

九月大辛　丑卯巳
　廿九巳酉申正三刻立冬
　十四甲午酉初一刻霜降

十月小辛　未酉亥
　廿九巳卯辰止二刻大雪
　十四甲子未初三刻小雪

十一月大庚　子寅辰
　廿九戊申戌初初刻小寒
　十五甲午丑正初刻冬至

十二月小庚　午申戌
　廿九戊寅卯正三刻立春
　十四癸未午正一刻大寒

新增萬年書

道光十七年丁酉

正月大巳	卯丑亥	三十戊申丑初二刻驚蟄 十五癸巳丑正三刻雨水
二月小巳	亥酉未	十五癸亥丑正三刻春分
三月大戊	寅子戌	初一戊寅辰正二刻清明 十六癸巳申初一刻穀雨
四月小戊	申午辰	初二巳丑正初刻立夏 十七甲子申初三刻小滿
五月大丁	亥酉	初四庚辰辰初一刻芒種 二十丙申子正一刻夏至
六月小丁	未巳卯	初五辛亥酉正初刻大暑 廿一丁卯午初一刻小暑

七月大丙	申戌子	初八癸未寅初三刻立秋 廿三戊戌酉正初刻處暑
八月大丙	寅辰午	初九甲寅卯正初刻白露 廿四己巳未正初刻秋分
九月小丙	戌子	初九甲申戌正二刻寒露 廿四己亥子夜初刻霜降
十月大乙	巳卯丑	初十甲寅亥正二刻立冬 廿五己巳戌初二刻小雪
十一月小乙	未酉亥	初十甲申未正一刻大雪 廿五己亥申正初刻冬至
十二月大甲	子寅辰	十一甲子正三刻小寒 廿五戊辰酉正一刻大寒

道光十八年戊戌

正月小甲
戌 申 午
初十癸未午正二刻立春
廿五戊戌辰初三刻雨水

二月大癸
卯 丑 亥
十一癸未辰初一刻驚蟄
廿六戊戌辰正三刻春分

三月小癸
酉 未 巳
十一癸未初一刻清明
廿六戊戌亥初初刻穀雨

四月大壬
寅 子 戌
十三甲寅辰正初刻立夏
廿八己巳亥初二刻小滿

閏四月小壬
申 午 辰
十四乙酉未初初刻芒種

五月小辛
丑 亥 酉
初一辛丑卯正一刻夏至
十六丙辰夜子三刻小暑

六月大庚
寅 辰 午
初三壬申酉初二刻大暑
十九戊子巳初二刻立秋

七月大庚
申 戌 子
初四癸卯夜子三刻處暑
二十己未午初三刻白露

八月小庚
寅 辰 午
初五甲戌戌正初刻秋分
廿一庚寅丑正二刻寒露

九月大己
未 酉 亥
初七乙巳卯初初刻霜降
廿二庚申寅正二刻立冬

十月大己
巳 卯 丑
初七乙亥丑初一刻小雪
廿一己巳戌正初刻大雪

十一月小己
亥 酉 未
初六甲辰未初三刻冬至
廿一己未卯正三刻小寒

十二月大戊
辰 寅 子
初七甲戌子正初刻大寒
廿一戊子酉正一刻立春

瓊澚年書
七三

道光十九年己亥

正月小戊
戌申
廿一戊午未初一刻驚蟄
初六癸卯未正二刻雨水

二月大丁
卯丑亥
初七癸酉未正二刻春分
廿二戊子戌初初刻清明

三月小丁
酉未巳
廿三乙未未初三刻立夏
初八甲辰寅初初刻穀雨

四月小丙
寅子戌
初十乙亥寅初一刻小滿
廿五庚寅戌初初刻芒種

五月大乙
未巳卯
十二丙午午正初刻夏至
廿八壬戌卯初二刻小暑

六月小乙
丑亥酉
十三丁丑夜子初一刻立秋
廿九癸巳申初一刻大暑

七月大甲
午辰寅
十六巳酉卯初三刻處暑

八月小甲
子戌申
初一甲子酉初二刻秋分
十七庚辰丑正二刻白露

九月大癸
巳卯丑
初三乙未辰正一刻霜降
十八庚戌巳正三刻寒露

十月大癸
亥酉未
初三乙丑巳正一刻立冬
十八庚辰辰初一刻小雪

十一月大癸
巳卯丑
初三乙未丑正初刻大雪
十七巳酉戌初二刻冬至

十二月小癸
亥酉未
初二甲子午正二刻小寒
十七巳卯卯初三刻大寒

道光二十年庚子

正月大壬
子寅辰
初三甲午子正二刻立春
十七戊申戌正一刻雨水

二月小壬
午申戌
初二癸亥酉正三刻驚蟄
十七戊寅戌正一刻春分

三月大辛
亥丑卯
初四甲午丑初初刻清明
十九己巳辰正三刻穀雨

四月小辛
酉未巳
初四甲戌戌初二刻立夏
二十庚辰巳初初刻小滿

五月小庚
寅子戌
初七丙申子正三刻芒種
廿二辛亥酉初三刻夏至

六月大己
未巳卯
初九丁卯午初一刻小暑
廿五壬午寅正三刻大暑

七月小己
丑亥酉
初十戊戌亥初初刻立秋
廿六甲寅午初二刻處暑

八月大戊
午辰寅
十二己巳夜子一刻白露
廿八乙酉辰正一刻秋分

九月小戊
子戌申
十三庚子未正初刻寒露
廿八乙卯申正二刻霜降

十月大丁
巳卯丑
十四庚午申正初刻立冬
廿九乙酉未初初刻小雪

十一月大丁
亥酉未
十四庚子辰初三刻大雪
廿九乙卯丑初一刻冬至

十二月大丁
巳卯丑
十三己巳酉正一刻小寒
廿八甲申午初二刻大寒

新增萬年書

道光二十一年辛丑

正月小丁（亥酉未）
十三己亥卯正初刻立春
廿八甲寅丑正初刻雨水

二月大丙（辰寅子）
十四己巳子正三刻驚蟄
廿九甲申丑正初刻春分

三月小丙（戌申午）
十四己亥子正三刻清明
廿九甲寅未正二刻穀雨

閏三月大乙（卯丑亥）
十六庚午酉初一刻立夏

四月小乙（酉未巳）
初一乙酉水正三刻小滿
十七辛丑正二刻芒種

五月小甲（寅子戌）
初三丙辰夜子二刻夏至
十九壬申酉初二刻小暑

六月大癸（未巳卯）
初六戊子巳正二刻大暑
廿二甲辰丑正三刻立秋

七月小癸（丑亥酉）
初七己未未正初刻處暑
廿三乙亥卯初一刻白露

八月大壬（午辰寅）
初九庚寅午正初刻秋分
廿四乙巳戌初三刻寒露

九月小壬（子戌申）
初九庚申未正二刻霜降
廿四乙亥正初刻立冬

十月大辛（巳卯丑）
初十庚寅酉正三刻小雪
廿五乙巳未初三刻大雪

十一月小辛（亥酉未）
初十庚申辰初一刻冬至
廿五乙亥子正一刻小寒

十二月大庚（辰寅子）
初十己丑酉初二刻大寒
廿五甲辰午初三刻立春

三十六

新增萬年書

道光二十二年壬寅

正月大庚
午申戌
初二己未辰正一刻驚蟄
廿五甲戌卯正二刻驚蟄

二月大庚
子寅辰
初十己巳辰正初刻春分
二十甲辰午正二刻清明

三月小庚
午申戌
初十己未戌正三刻穀雨
廿六乙亥辰初一刻立夏

四月大己
卯丑亥
十二庚寅午正一刻芒種
廿八丙午未正一刻小滿

五月小己
酉未巳
十四壬戌卯初一刻夏至
廿九丁丑夜子初一刻小暑

六月小戊
戌子寅
十六癸巳申正一刻大暑

七月大丁
巳卯
初三己酉辰正三刻立秋
十八甲子夜子初一刻處暑

八月小丁
丑亥酉
初四庚辰午初初刻白露
十九乙未戌正初刻秋分

九月大丙
午辰寅
初六辛亥丑正一刻寒露
廿一丙寅寅正一刻霜降

十月小丙
子戌申
初六辛巳寅正二刻立冬
廿一丙申子正三刻小雪

十一月大乙
卯丑
初六庚戌戌初三刻大雪
廿一乙丑未初初刻冬至

十二月小乙
亥酉未
初六庚辰卯正夏? 一刻小寒
二十甲午夜子初一刻大寒

道光二十三年癸卯

正月大甲
子寅辰
初六己酉酉初三刻立春
廿一甲子未初三刻雨水

二月大甲
午申戌
初六己卯午正一刻驚蟄
廿一甲午未初三刻春分

三月大甲
子寅辰
初七庚戌酉正一刻清明
廿二乙丑丑正一刻穀雨

四月小甲
午申戌
初七庚辰未初初刻立夏
廿三丙申丑正二刻小滿

五月大癸
亥丑卯
初九辛亥酉正初刻芒種
廿五丁卯午初一刻夏至

六月小癸
巳未酉
十一癸未寅正三刻小暑
廿六戊戌亥正一刻大暑

七月小壬
戌子寅
十三甲寅未正二刻立秋
廿九庚午卯初初刻處暑

閏七月大辛
卯巳未
十六丙戌申正三刻白露

八月小辛
酉亥丑
初一辛未巳正初刻秋分
十六丙辰辰初三刻寒露

九月大庚
寅辰午
初二辛丑丑正二刻霜降
十七丙戌巳初二刻立冬

十月小庚
申戌子
初二辛未巳正初刻小雪
十七丙辰丑初一刻大雪

十一月大己
丑卯巳
初二庚午酉正三刻冬至
十七乙酉午初三刻小寒

十二月小己
未酉亥
初二庚子卯初初刻大寒
十六甲寅夜子二刻立春

新增萬年書

道光二十四年甲辰

正月大戊　子寅辰
初二巳戌初二刻雨水
十七甲申酉正一刻驚蟄

二月大戊　午申戌
初二巳亥戌初二刻春分
十八乙卯子正一刻清明

三月小戊　子寅辰
初三庚午辰正初刻穀雨
十八乙酉酉正三刻立夏

四月大丁　巳未酉
初五辛丑辰正一刻小滿
廿一丁巳子正初刻芒種

五月小丁　亥丑卯
初六壬申酉初初刻夏至
廿二戊子巳正二刻小暑

六月大丙　辰午申
初九甲辰寅正初刻大暑
廿四巳未戌正一刻立秋

七月小丙　戌子寅
初十乙亥巳正三刻處暑
廿五庚寅亥正二刻白露

八月大乙　卯巳未
十二丙午辰初二刻秋分
廿七辛酉未初一刻寒露

九月小乙　酉亥丑
十二丙子申初三刻霜降
廿七辛卯申初二刻立冬

十月大甲　寅辰午
十三丙午午正一刻小雪
廿八辛酉午正一刻大雪

十一月小甲　申戌子
十三丙子子正三刻冬至
廿七庚寅酉初二刻小寒

十二月大癸　丑卯巳
十三乙巳午初初刻大寒
廿八庚申卯初一刻立春

道光二十五年乙巳

正月小癸
未酉亥
十三乙亥丑初二刻雨水
廿八庚寅子正初刻驚蟄

二月大壬
子寅辰
十四乙巳丑初二刻春分
廿九庚申卯正初刻清明

三月小壬
午申戌
十四乙亥未初三刻穀雨

四月大辛
亥丑卯
初一辛卯子正二刻立夏
十六丙午未正初刻小滿

五月大辛
巳未酉
初二壬戌卯初三刻芒種
十七丁丑亥正三刻夏至

六月小辛
亥丑卯
初三癸巳申正二刻小暑
十九己酉巳初三刻大暑

七月大庚
辰午申
初六乙丑丑正初刻立秋
廿一庚辰申正二刻處暑

八月小庚
戌子寅
初七丙申寅正一刻白露
廿二辛亥未初一刻秋分

九月大巳
巳未
初八丙寅戌初一刻寒露
廿三辛巳亥初三刻霜降

十月小巳
丑卯
初八丙申亥初一刻立冬
廿三辛亥酉正初刻小雪

十一月大戊
寅辰午
初九丙寅未初初刻大雪
廿四辛巳卯正二刻冬至

十二月小戊
申戌子
初八乙未夜子二刻小寒
廿三庚戌申正三刻大寒

道光二十六年丙午

正月大丁　丑卯巳
　初九乙丑午初初刻立春
　廿四庚辰辰初一刻雨水

二月小丁　未酉亥
　廿九乙未卯初三刻驚蟄
　廿四庚戌辰初一刻春分

三月大丙　子寅辰
　初十乙丑午初三刻清明
　廿五庚辰戌初二刻穀雨

四月小丙　午申戌
　十一丙申卯初二刻立夏
　廿六辛亥戌正初刻小滿

五月大乙　亥丑卯
　十三丁卯午初二刻芒種
　廿九癸未寅正二刻夏至

閏五月小乙　巳未酉
　十四戊戌亥正二刻小暑

六月大甲　戌子寅
　初一甲申申初二刻大暑
　十七庚午辰初三刻立秋

七月小甲　辰午申
　初二乙酉亥正一刻處暑
　十八辛丑巳正一刻白露

八月大癸　酉亥丑
　初四丙辰戌初一刻秋分
　二十壬申丑初初刻寒露

九月大癸　卯巳未
　初五丁亥寅初一刻霜降
　二十壬寅寅初初刻立冬

十月小癸　酉亥丑
　初五丁巳子正初刻小雪
　十九辛未酉正三刻大雪

十一月大壬　寅辰午
　初五丙戌午正一刻冬至
　二十辛丑卯初一刻小寒

十二月小壬　申戌子
　初四乙卯亥正二刻大寒
　十九庚午酉初初刻立春

道光二十七年丁未

正月大辛
巳卯丑
初五乙酉未初初刻雨水
二十庚子午初二刻驚蟄

二月小辛
亥酉未
初五乙卯未初初刻春分
二十庚午酉初二刻清明

三月小庚
辰寅子
初七丙戌丑初二刻穀雨
廿五辛丑午正一刻立夏

四月大巳
酉未巳
初九丁巳丑初三刻小滿
廿三壬申酉初一刻芒種

五月小巳
亥丑卯
初十戊子巳正一刻夏至
廿六甲辰寅正初刻小暑

六月大戊
辰午申
十二巳未亥初一刻大暑
廿八乙亥未初三刻立秋

七月小戊
戌子寅
十四辛卯寅正初刻處暑
十九丙午申正初刻白露

八月大丁
巳未
十六壬戌丑初初刻秋分

九月大丁
酉亥丑
初一丁丑辰正三刻寒露
十六壬辰巳初一刻霜降

十月大丁
卯巳未
初一丁未卯正三刻立冬
十六壬戌卯初三刻小雪

十一月小丁
酉亥丑
初一丁丑子正三刻大雪
十五辛卯酉正一刻冬至

十二月大丙
寅辰午
初一丙午午初一刻小寒
十六辛酉寅正二刻立春
三十乙亥亥正三刻大寒

新增萬年書

道光二十八年戊申

正月小丙
申戌子
十五庚寅戌初初刻雨水

二月大乙
巳
丑卯
初一乙巳酉初二刻驚蟄
十六庚申酉正三刻春分

三月小乙
未酉亥
初一乙亥夜子二刻清明
十七辛卯辰初一刻穀雨

四月小甲
子寅辰
初三壬午酉正初刻立夏
十九壬戌辰初二刻小滿

五月大癸
巳未酉
初五丁丑夜子初刻芒種
廿一癸巳巳正一刻夏至

六月小癸
丑亥卯
初七己酉巳初三刻小暑
廿三乙丑寅初一刻大暑

七月大壬
辰午申
初九庚辰戌初二刻立秋
廿五丙申巳正初刻處暑

八月小壬
戌子寅
初十辛亥亥初三刻白露
廿六丁卯卯正三刻秋分

九月大辛
巳未
十二壬午午正二刻寒露
廿七丁酉申初一刻霜降

十月大辛
酉亥丑
十二壬子未正三刻立冬
廿八丁卯午初二刻小雪

十一月大辛
卯巳未
十二壬午卯正二刻大雪
廿七丁酉子正初刻冬至

十二月小辛
酉亥丑
十二辛亥酉初初刻小寒
廿六丙寅巳正一刻大寒

道光二十九年巳酉

正月大庚　寅辰午
十二辛巳寅正二刻立春
廿七丙申子正三刻雨水

二月小庚　申戌子
十一庚戌夜子一刻驚蟄
廿七丙寅子正三刻春分

三月大巳　丑卯巳
十一辛巳夜初一刻清明
廿八丙申未初初刻穀雨

四月小巳　未酉亥
十三辛亥子正三刻立夏
廿九丁卯未初一刻小滿

閏四月小戊　子寅辰
十六癸未卯初初刻芒種

五月大丁　巳未酉
初二戊戌亥正初刻夏至
十八甲寅申初二刻小暑

六月小丁　亥丑卯
初四庚午巳初三刻大暑
二十丙戌丑初一刻立秋

七月小丙　辰午申
初六辛丑申正二刻處暑
廿二丁巳寅初三刻白露

八月大丙　戌子寅
初七壬申午正二刻秋分
廿二丁亥酉正二刻寒露

九月大乙　卯巳未
初八壬寅酉初初刻霜降
廿三丁巳戌正二刻立冬

十月小乙　酉亥丑
初八壬申酉初二刻小雪
廿三丁亥午正一刻大雪

十一月大甲　寅辰午
初九壬寅卯初三刻冬至
廿三丙辰亥正三刻小寒

十二月大甲　申戌子
初八辛未申正三刻大寒
廿三丙戌巳正二刻立春

民國偉人星命錄 附 新增萬年書

道光三十年庚戌

正月大甲	午辰寅	初八辛丑正二刻雨水 廿三丙辰卯初初刻驚蟄
二月小甲	子戌申	初八辛未卯正二刻春分 廿三丙申午初初刻清明
三月大癸	巳卯丑	初九辛丑酉正三刻穀雨 廿五丁巳卯初二刻立夏
四月小癸	亥酉未	初十壬申戌初初刻小滿 廿六戊子巳正三刻芒種
五月小壬	辰寅子	十三甲辰寅初三刻夏至 廿八己巳未亥初二刻小暑
六月大辛	巳未酉	十五乙亥未正三刻大暑

七月小辛	亥丑卯	初一辛卯辰初初刻立秋 十六丙午亥初二刻處暑
八月小庚	辰午申	初三壬戌巳初二刻白露 十八丁丑酉正二刻秋分
九月大巳	酉亥丑	初五癸巳子正一刻寒露 二十戊申丑正三刻霜降
十月大巳	巳未	初五癸亥丑正一刻立冬 十九丁丑夜子初一刻小雪
十一月小巳	酉亥丑	初四壬辰酉初一刻大雪 十九丁未午初三刻冬至
十二月大戊	寅辰午	初五壬戌寅正二刻小寒 十九丙子亥正初刻大寒

咸豐元年辛亥

正月大戊 申戌子
初四辛卯申正一刻立春
十九丙午午正一刻雨水

二月大戊 寅辰午
初四辛酉申初一刻驚蟄
十九丙子午正一刻春分

三月小戊 申戌子
初四辛卯申正三刻清明
二十丁未子正二刻穀雨

四月大丁 丑卯巳
初六壬戌午初二刻立夏
廿二戊寅丑初初刻小滿

五月小丁 未酉亥
初七癸巳申正二刻芒種
廿三己酉巳初二刻夏至

六月小丙 子寅辰
初十乙丑寅初一刻小暑
廿五庚辰戌正二刻大暑

七月大乙 巳未酉
十二丙申未初一刻立秋
廿八壬子寅初一刻處暑

八月小乙 亥丑卯
十三丁卯卯初一刻白露
廿九癸未子正一刻秋分

閏八月小甲 辰午申
十五戊戌卯正初刻寒露

九月大癸 酉亥丑
初一癸丑辰正二刻霜降
十六戊辰辰正一刻立冬

十月小癸 卯巳未
初一癸未辰正初刻小雪
十六戊戌子正初刻大雪

十一月大壬 申戌子
初一壬子酉初二刻冬至
十六丁卯巳正二刻小寒

十二月大壬 寅辰午
初一壬午酉初三刻大寒
十五丙申亥初一刻立春
三十辛亥酉正一刻雨水

咸豐二年壬子

新增萬年書

正月大壬　申戌子
十五丙寅申正三刻驚蟄
三十辛巳酉正初刻春分

二月小壬　寅辰午
十五丙申亥正三刻清明

三月大辛　未酉亥
初二壬子卯正二刻穀雨
十七丁卯酉初一刻立夏

四月大辛　丑卯巳
初三癸未卯正三刻小滿
十八戊戌亥正一刻芒種

五月小辛　亥酉未
初四甲寅申初一刻夏至
二十庚午巳初初刻小暑

六月小庚　子寅辰
初七丙戌丑正三刻大暑
廿二辛丑酉正三刻立秋

七月大巳　巳未酉
初九丁巳巳初一刻處暑
廿四壬申亥初初刻白露

八月小巳　亥丑卯
初十戊子卯正初刻秋分
廿五癸卯午初三刻寒露

九月大戊　辰午申
十一戊午未正二刻霜降
廿六癸酉未正初刻立冬

十月小戊　戌子寅
十一戊子夜子一刻小雪
廿六癸卯卯初三刻大雪

十一月小丁　巳未
十一丁巳巳初二刻冬至
廿六壬申申正一刻小寒

十二月大丙　申戌子
十二丁亥巳初二刻大寒
廿七壬寅寅正初刻立春

四十七

咸豐三年癸丑

正月大丙　寅辰午
廿六辛未亥正二刻驚蟄
十二丁巳子正初刻雨水

二月小丙　申戌子
廿七壬寅寅正二刻清明
十二丁亥子正初刻春分

三月大乙　丑卯巳
廿八壬申夜子初刻立夏
十三丁巳午正一刻穀雨

四月大乙　未酉亥
三十甲辰寅正一刻芒種
十四戊子午正二刻小滿

五月小乙　丑卯巳
十五己未亥初一刻夏至

六月大甲　午申戌
十八辛卯辰正二刻大暑
初二乙亥未正三刻小暑

七月小甲　子寅辰
十九壬戌申初初刻處暑
初四丁未子正二刻立秋

八月大癸　巳未酉
廿一癸巳午正初刻秋分
初六戊寅丑正三刻白露

九月小癸　亥丑卯
廿一癸亥戌正一刻霜降
初六戊申酉初三刻寒露

十月大壬　辰午申
廿二癸巳申正三刻小雪
初七戊寅戌初三刻立冬

十一月大壬　戌子寅
廿二癸亥卯初一刻冬至
初七戊申午初三刻大雪

十二月大辛　卯巳未
廿二壬辰申初二刻大寒
初七丁丑亥正二刻小寒

新增萬年書

咸豐四年甲寅

正月小辛
丑亥酉
初七丁未巳初三刻立春
廿二壬戌卯初三刻雨水

二月大庚
午辰寅
初八丁丑寅正一刻驚蟄
廿三壬辰卯初三刻春分

三月小庚
子戌申
初八丁未巳正一刻清明
廿三壬戌酉正初刻穀雨

四月大巳
卯丑巳
初十戊寅寅正三刻立夏
廿六甲子酉正一刻小滿

五月小巳
亥酉未
十一己巳正三刻芒種
廿七乙丑寅初初刻夏至

六月大戊
辰寅子
十三庚辰戌正二刻小暑
廿九丙申未正初刻大暑

七月大戊
戌申午
十五壬子卯正一刻立秋
三十丁卯戌正初刻處暑

閏七月小戊
辰寅子
十六癸未辰正三刻白露

八月大丁
酉未巳
初二戊戌酉初三刻秋分
十七癸丑夜子三刻寒露

九月小丁
卯丑亥
初三己巳丑正初刻霜降
十八甲申申初三刻立冬

十月大丙
申午辰
初三戊戌亥正二刻小雪
十八癸丑酉初二刻大雪

十一月小丙
寅子戌
初三戊辰午初初刻冬至
十八癸未寅正初刻小寒

十二月大乙
未巳卯
初三丁酉亥初一刻大寒
十八壬子申初二刻立春

咸豐五年乙卯

正月小乙
丑
亥
酉
初三丁卯午初三刻雨水
十八壬午巳正一刻驚蟄

二月小甲
午
辰
寅
十九壬子申正初刻清明
初四丁酉午初二刻春分

三月大癸
亥
酉
未
初五丁卯夜子正三刻穀雨
廿一癸未巳正三刻立夏

四月小癸
巳
卯
丑
初七己亥子正一刻小滿
廿二甲寅申初三刻芒種

五月大壬
戌
申
午
初九庚午辰初三刻夏至
廿五丙戌丑正三刻小暑

六月大壬
辰
寅
子
初十辛丑戌初三刻大暑
廿六丁巳午正初刻立秋

七月小壬
申
午
十二癸酉丑正二刻處暑
廿七戊子未正二刻白露

八月大辛
卯
丑
亥
十三癸卯子正二刻秋分
廿九乙未卯初一刻寒露

九月大辛
酉
未
巳
十四甲戌辰正初刻霜降
廿九己丑辰初二刻立冬

十月小辛
卯
丑
亥
十四癸卯申正三刻小雪
廿八戊午夜子初一刻大雪

十一月大庚
申
午
辰
十四癸酉申正三刻冬至
廿九戊子巳初三刻小寒

十二月小庚
寅
子
戌
十四癸卯寅初初刻大寒
廿八丁巳亥初二刻立春

新增萬年書

咸豐六年丙辰

正月大己 巳未
十四壬申酉初二刻雨水
廿九丁亥申正初刻驚蟄

二月小己 丑卯
十四壬寅酉初二刻春分
廿九丁巳亥正初刻清明

三月小戊 酉亥
十六癸酉卯初三刻穀雨

四月大丁 未酉
初二戊子未正二刻立夏
十八甲辰卯初初刻小滿

五月小丁 丑卯巳
初三己未亥初二刻芒種
十九乙亥未正二刻夏至

六月大丙 午申戌
初六辛卯辰正一刻小暑
廿二丁未丑初二刻大暑

七月小丙 子寅辰
初七壬戌酉正初刻立秋
廿三戊寅辰正一刻處暑

八月大乙 巳未酉
初九癸巳戌正一刻白露
廿五己酉卯初一刻秋分

九月大乙 亥丑卯
初十甲子午初初刻寒露
廿五己卯未初三刻霜降

十月小乙 巳未酉
初十甲午未初一刻立冬
廿五己酉巳正二刻小雪

十一月大甲 戌子寅
初十甲子卯初初刻大雪
廿四戊寅亥正二刻冬至

十二月小甲 辰午申
初十癸巳申初二刻小寒
廿五戊申巳初初刻大寒

咸豐七年丁巳

正月小甲　戌子寅
初十癸亥寅初一刻立春
廿四丁丑夜子一刻雨水

二月大癸　卯巳未
初十壬辰亥初三刻驚蟄
廿五丁未夜子二刻春分

三月小癸　酉亥丑
十一癸亥寅初三刻清明
廿六戊寅午初二刻穀雨

四月小壬　寅辰午
十二癸巳亥正初刻立夏
廿八己酉午初三刻小滿

五月大辛　未酉亥
十五乙丑寅初一刻芒種
三十庚辰戌正一刻夏至

閏五月小辛　丑卯巳
十六丙申未正初刻小暑

六月大庚　午申戌
初三壬子辰初二刻大暑
十八丁卯夜子二刻立秋

七月小庚　子寅辰
初四癸未未正一刻處暑
二十己亥丑正初刻白露

八月大己　巳未酉
初六甲寅午初一刻秋分
廿一己巳酉初初刻寒露

九月小己　亥丑卯
初六甲申戌初二刻霜降
廿一己亥戌初初刻立冬

十月大戊　辰午申
初七甲寅申正初刻小雪
廿二己巳午初初刻大雪

十一月大戊　戌子寅
初七甲申寅正二刻冬至
廿一戊戌亥初初刻小寒

十二月大戊　辰午申
初六癸丑未正二刻大寒
廿一戊辰巳初初刻立春

咸豐八年戊午

新增萬年書

正月小戊	二月大丁	三月小丁	四月小丙	五月大乙	六月小乙
戌子寅	巳未	酉亥丑	寅辰午	未酉亥	丑卯巳
初六癸未卯初一刻雨水	初七癸丑卯初初刻春分	初七癸未酉初一刻穀雨	初九甲寅酉初二刻小滿	十二丙戌丑正一刻夏至	十三丁巳未初一刻大暑
廿一戊戌寅初三刻驚蟄	廿二戊辰巳初二刻清明	廿三己亥寅正初刻立夏	廿五庚午巳初一刻芒種	廿七辛丑戌初三刻小暑	廿九癸酉卯初二刻立秋

七月小甲	八月大癸	九月大癸	十月小癸	十一月大壬	十二月大壬
午申戌	亥丑卯	巳未酉	亥丑卯	辰午申	戌子寅
十五戊子戌正初刻處暑	初二甲辰辰正初刻白露	初二甲戌亥正三刻寒露	初三乙丑卯初初刻立冬	初三甲戌申正三刻大雪	初三甲辰寅正二刻小寒
	十七己未酉初初刻秋分	十八庚寅丑初一刻霜降	十七己未亥初三刻小雪	十八己丑巳正一刻冬至	十七戊午戌正二刻大寒

咸豐九年巳未

正月大　壬　辰午申
初二癸酉未正三刻立春
十七戊子午初初刻雨水

二月小　壬　戌子寅
初二癸卯巳初二刻驚蟄
十七戊午巳正三刻春分

三月大　辛　巳未
初三癸酉申正二刻清明
十八戊子夜子初刻穀雨

四月小　辛　卯
初四甲辰巳正初刻立夏
十九庚申夜子一刻小滿

五月小　庚　寅辰午
初六乙亥申初初刻芒種
廿二辛卯辰正初刻夏至

六月大　巳　未酉亥
初九丁未丑初二刻小暑
廿四壬戌戌初初刻大暑

七月小　巳　丑卯巳
初十戊寅午初初刻立秋
廿六甲午丑初三刻處暑

八月小　戊　午申戌
十二己酉未初三刻白露
廿七甲子亥正三刻秋分

九月大　丁　亥丑卯
十四庚辰寅正二刻寒露
廿九乙未辰初一刻霜降

十月小　丁　巳未酉
十四庚戌卯正三刻立冬
廿九乙丑寅初三刻小雪

十一月大　丙　戌子寅
十四己卯正二刻大雪
廿九甲午申正一刻冬至

十二月大　丙　辰午申
十四己酉巳初初刻小寒
廿九甲子丑正一刻大寒

咸豐十年庚申

正月大丙
寅戌子
十三戊寅戌正三刻立春
廿八癸巳申正三刻雨水

二月小丙
辰午申
十三戊申申初一刻驚蟄
廿八癸亥申正三刻春分

三月大乙
酉亥丑
十四戊寅亥初一刻清明
三十甲午卯初一刻穀雨

閏三月大乙
卯巳未
十六己酉申初三刻立夏

四月小乙
丑卯巳未
初一乙丑卯初一刻小滿
十六庚辰亥初三刻芒種

五月小甲
寅辰午
初三丙申未初三刻夏至
十九壬子辰初二刻小暑

六月大癸
未酉亥
初六戊辰子正三刻大暑
廿一癸未酉初初刻立秋

七月小癸
丑卯巳
初七己亥辰正二刻處暑
廿二甲寅戌初二刻白露

八月小壬
午申戌
初九庚午寅正二刻秋分
廿四乙酉巳正二刻寒露

九月大辛
亥丑卯
初十庚子未正二刻霜降
廿五乙卯午正二刻立冬

十月小辛
巳未酉
初十庚午巳初二刻小雪
廿五乙酉寅正二刻大雪

十一月大庚
戌子寅
初十己亥正初刻冬至
廿五甲寅申初初刻小寒

十二月大庚
辰午申
初十己巳辰正二刻立春
廿五甲申丑正二刻大寒

新增萬年書　　　　　　　　　五十六

咸豐十一年辛酉

正月小庚　戌子寅
初九戊戌亥正二刻雨水
廿四癸丑亥初一刻驚蟄

二月大巳　卯巳未
初十戊辰亥正二刻春分
廿六甲申寅初二刻清明

三月大巳　酉亥丑
十一乙亥巳正三刻穀雨
廿六甲寅亥初二刻立夏

四月小巳　卯巳未
十二庚午午初初刻小滿
廿八丙戌丑正二刻芒種

五月大戊　申戌子
十四辛丑戌初二刻夏至
三十丁巳未初一刻小暑

六月小戊　寅辰午
十六癸酉卯正二刻大暑

七月大丁　未酉亥
初二戊子夜子初刻立秋
十八甲辰未初二刻處暑

八月小丁　丑卯巳
初四庚申申正一刻白露
十九乙亥巳正二刻秋分

九月小丙　午申戌
初五庚寅申正一刻寒露
二十乙巳酉正三刻霜降

十月小丙　子寅辰
初五庚申酉正二刻立冬
二十乙亥申初一刻小雪

十一月小乙　巳未酉
初六庚寅巳正二刻大雪
廿一乙巳寅初三刻冬至

十二月大甲　戌子寅
初六己未戌正二刻小寒
廿一甲戌未正初刻大寒

九六

同治元年壬戌

正月大甲　辰午申
初六乙丑辰正一刻立春
廿乙甲辰寅正二刻雨水

二月小甲　戌子寅
初六乙未寅初初刻驚蟄
廿乙甲戌寅正一刻春分

三月大癸　卯巳未
初七乙丑辰正三刻清明
廿二甲辰申正二刻穀雨

四月小癸　丑亥丑
初八庚申寅初一刻立夏
廿三乙亥申正三刻小滿

五月大壬　寅辰午
初十辛卯辰正一刻芒種
廿六丁未丑初二刻夏至

六月大壬　申戌子
十一壬戌午初二刻小暑
廿七戊寅午正一刻大暑

七月小壬　午辰
十三甲午寅正三刻立秋
廿八巳酉戌初一刻處暑

八月大辛　未酉亥
十五乙丑辰申初一刻白露
三十庚辰申正一刻秋分

閏八月小辛　丑卯巳
十五乙未亥正初刻寒露

九月大庚　午申戌
初二辛亥子正三刻霜降
十七丙寅子正一刻立冬

十月小庚　子寅辰
初一庚辰亥初一刻小雪
十六乙未申正初刻大雪

十一月小巳　巳未酉
初二庚戌巳初三刻冬至
十七乙丑丑正二刻小寒

十二月大戊　戌子寅
初二巳卯戌初三刻大寒
十七甲午未正一刻立春

同治二年癸亥

正月小戊	二月大丁	三月大丁	四月小丁	五月大丙	六月小丙
辰午申	酉亥丑	卯巳未	酉亥丑	寅辰午	申戌子
初二巳酉巳正一刻雨水	初三巳酉巳正一刻春分	初三巳亥巳正一刻穀雨	初四庚辰辰正二刻小滿	初七壬子辰初一刻夏至	初八癸未酉正一刻大暑
十七甲子辰正三刻驚蟄	十八甲午未正二刻清明	十九乙丑巳初一刻立夏	二十丙申未正一刻芒種	廿三戊辰子正三刻小暑	廿四巳亥巳正二刻立秋

七月大乙	八月大乙	九月小乙	十月大甲	十一月小甲	十二月大癸
丑卯巳	未酉亥	丑卯巳	午申戌	子寅辰	巳未酉
十一乙卯丑初初刻處暑	十一乙酉亥正初刻秋分	十二丙辰卯正二刻霜降	十三丙戌寅初初刻小雪	十二乙卯申初二刻冬至	十三乙酉丑初三刻大寒
廿六庚午未初初刻白露	廿七辛丑寅初三刻寒露	廿七辛未卯初初刻立冬	廿七庚子亥正初刻大雪	廿七庚午辰正二刻小寒	廿七巳亥戌正初刻立春

同治三年甲子

正月小癸　卯丑亥
十二甲寅申正初刻雨水
廿七己巳未正二刻驚蟄

二月小壬　辰午申
十三甲申申正初刻春分
廿八己亥戌正二刻清明

三月大辛　酉亥丑
十五乙卯寅正一刻穀雨
三十庚午申初初刻立夏

四月小辛　巳未
十六丙戌寅正二刻小滿

五月大庚　子戌申
初二辛丑戌正初刻芒種
十八丁巳未初刻夏至

六月小庚　寅辰午
初四癸酉卯正二刻小暑
二十己丑子正初刻大暑

七月大巳　亥酉未
初六甲辰申正一刻立秋
廿二庚申卯正三刻處暑

八月大巳　巳卯丑
初七乙亥酉正三刻白露
廿三辛卯寅初三刻秋分

九月小巳　亥酉未
初八丙午巳初三刻寒露
廿三辛酉午正一刻霜降

十月大戊　辰寅子
初九丙子午初三刻立冬
廿四辛卯辰正三刻小雪

十一月大戊　戌申午
初九丙午寅初三刻大雪
廿三庚申亥初一刻冬至

十二月小戊　辰寅子
初八乙亥未正一刻小寒
廿三庚寅辰初二刻大寒

新增萬年書

五十九

民國偉人星令錄　附　新增萬年書

九九

同治四年乙丑

正月大丁　酉未巳
初九乙巳丑初三刻立春
廿三己未亥正初刻雨水

二月小丁　卯丑亥
初八甲戌戌正二刻驚蟄
廿三己丑亥初二刻春分

三月大丙　申午辰
初十乙巳丑正一刻清明
廿五庚申巳正初刻穀雨

四月大乙　酉亥丑
十一乙亥戌正三刻立夏
廿七辛卯巳正一刻小滿

五月小乙　卯巳未
十三丁未丑初三刻芒種
廿八壬戌酉正三刻夏至

閏五月大甲　申戌子
十五戊寅卯正二刻小暑

六月小甲　寅辰午
初一甲午卯初三刻大暑
十六己酉亥正一刻立秋

七月大癸　未酉亥
初三乙丑午正三刻處暑
十九辛巳子正二刻白露

八月大癸　丑卯巳
初四丙申巳初三刻秋分
十九辛亥申初二刻寒露

九月小癸　未酉亥
初四丙寅酉正初刻霜降
十九辛巳酉初三刻立冬

十月大壬　子寅辰
初五丙申未正三刻小雪
二十辛亥巳初二刻大雪

十一月大壬　午申戌
初五丙寅寅初初刻冬至
十九庚辰戌正初刻小寒

十二月小壬　子寅辰
初四乙未未初一刻大寒
十九庚戌辰初一刻立春

同治五年丙寅

正月太辛
巳 未 酉
初五乙丑寅初三刻雨水
二十庚辰丑正一刻驚蟄

二月小辛
亥 丑 卯
初五乙未寅初二刻春分
二十庚戌辰正初刻清明

三月大庚
辰 午 申
初六乙丑申正初刻穀雨
廿二辛巳丑正三刻立夏

四月小庚
寅 子 戌
初八丙申申正初刻小滿
廿三壬子辰初二刻芒種

五月小己
卯 巳 未
初十戊辰子正二刻夏至
廿五癸未酉正一刻小暑

六月小戊
申 戌 子
十二己巳午初三刻大暑
廿八乙卯寅正初刻立秋

七月大丁
丑 卯 巳
十四庚午酉正二刻處暑
三十丙戌卯正三刻白露

八月大丁
未 酉 亥
十五辛丑申初二刻秋分
三十丙辰亥初一刻寒露

九月小丁
丑 卯 巳
十六壬申子正初刻霜降

十月大丙
午 申 戌
初一丙戌夜子正二刻立冬
十六辛丑戌正三刻小雪

十一月大丙
子 寅 辰
初一丙辰申初二刻大雪
十六辛未巳初初刻冬至

十二月大丙
午 申 戌
初一丙戌丑正初刻小寒
十五庚子戌初二刻大寒
三十乙卯未初二刻立春

新增萬年書

同治六年丁卯

正月小丙
子寅辰
十五庚午巳初二刻雨水

二月大乙
巳未酉
初一乙酉辰正初刻驚蟄
十六庚子巳初二刻春分

三月小乙
亥丑卯
初一乙卯未正初刻清明
十六庚午亥初三刻穀雨

四月小甲
辰午申
初三丙戌辰正一刻立夏
十八辛丑亥初三刻小滿

五月大癸
酉亥丑
初五丁巳未初二刻芒種
廿一癸酉卯正二刻夏至

六月小癸
卯巳未
初七己丑子正初刻小暑
廿二甲辰酉初二刻大暑

七月小壬
申戌子
初九庚申巳初三刻立秋
廿五丙子子正一刻處暑

八月大辛
丑卯巳
十一辛卯午正一刻白露
廿六丙午亥初一刻秋分

九月小辛
未酉亥
十二壬戌寅初初刻寒露
廿七丁丑卯初三刻霜降

十月大庚
子寅辰
十三壬辰寅初初刻立冬
廿八丁未丑正二刻小雪

十一月小庚
午申戌
十二辛酉亥初一刻大雪
廿七丙子未正三刻冬至

十二月大庚
子寅辰
十二辛卯辰初三刻小寒
廿七丙午丑初初刻大寒

同治七年戊辰

正月小庚	午申戌	十一乙庚申戌初一刻立春	廿六乙亥申初二刻雨水
二月大己	亥丑卯	十二庚辰未正初刻驚蟄	廿七乙巳申初一刻春分
三月大己	巳未酉	十二庚申戌初三刻清明	廿八丙子寅初二刻穀雨
四月小己	卯巳	十三辛卯未正一刻立夏	廿九丁未寅初二刻小滿
閏四月小戊	辰午申	十五壬戌戌初一刻芒種	
五月大丁	酉亥丑	初二戊午午正初二刻夏至	十八甲午卯初二刻小暑

六月小丁	卯巳未	十三巳酉夜子一刻大暑	十九乙丑申初二刻立秋
七月小丙	申戌子	初一辛巳卯正初刻處暑	十六丙申酉正初刻白露
八月大乙	丑卯巳	初一壬子午初初刻秋分	廿三丁卯巳初初刻寒露
九月小乙	未酉亥	初一壬午午初二刻霜降	廿三丁酉午初一刻立冬
十月大甲	子寅辰	初九壬子辰正一刻小雪	廿四丁卯寅初初刻大雪
十一月大甲	午申戌	初八辛巳戌正二刻冬至	廿三丙申未初二刻小寒
十二月小甲	子寅辰	初八辛亥卯正三刻大寒	廿三丙寅丑初一刻立春

新增萬年書

六十四

同治八年己巳

正月大癸
巳未酉
初八庚辰亥初一刻雨水
廿三乙未戌初三刻驚蟄

二月大癸
亥丑卯
初九辛巳巳初一刻春分
廿四丙寅丑初二刻清明

三月小癸
巳未酉
初十辛亥巳初二刻穀雨
廿四丙申戌正初刻立夏

四月大壬
戌子寅
初十辛巳巳初二刻小滿
廿六丁卯丑初初刻芒種

五月小壬
辰午申
十二癸未酉正初刻夏至
廿八己亥午初二刻小暑

六月大辛
丑亥酉
十五乙卯卯初一刻大暑
三十庚午亥初一刻立秋

七月小辛
卯巳未
十六丙戌午初三刻處暑

八月小庚
申戌子
初二辛丑夜子三刻白露
十八丁巳巳初初刻秋分

九月大己
丑卯巳
初四壬申未正三刻寒露
十九丁亥酉初二刻霜降

十月小己
未酉亥
初四壬寅酉初初刻立冬
十九丁巳未正初刻小雪

十一月大戊
子寅辰
初五壬申巳初初刻大雪
二十丁亥丑正二刻冬至

十二月小戊
午申戌
初四辛丑戌初二刻小寒
十九丙辰午正三刻大寒

同治九年庚午

新增萬年書

正月大丁
亥丑卯
初五辛未辰初一刻雨水
二十丙戌寅初初刻立春

二月大丁
巳未酉
初五辛丑丑初二刻春分
二十丙辰寅初一刻驚蛰

三月大丁
亥丑卯
初五辛未辰初一刻穀雨
二十丙戌申正初刻清明

四月小丁
巳未酉
初六壬寅丑初三刻小滿
廿一丁巳申初一刻立夏

五月大丙
戌子寅
初八癸酉卯正三刻夏至
廿三戊子夜子三刻芒種

六月小丙
辰午申
初九甲辰酉初二刻大暑
廿五庚申巳正三刻小暑

七月大乙
酉亥丑
十二丙子寅初一刻處暑
廿五辛卯酉初三刻立秋

八月小乙
卯巳未
十三丁未卯初三刻秋分
廿八壬戌未正三刻白露

九月小甲
申戌子
十四丁卯戌正三刻霜降
廿九壬辰夜子一刻寒露

十月大癸
丑卯巳
十五丁未亥正三刻小雪
三十壬戌戌初三刻立冬

閏十月小癸
未酉亥
十五丁丑未正三刻大雪

十一月大壬
子寅辰
初一壬辰辰正一刻小寒
十六丁未丑初二刻大寒

十二月小壬
午申戌
十五丙子午正三刻立春

同治十年辛未

正月大辛　亥丑卯
初一辛卯辰正三刻雨水
十六丙午辰初一刻驚蟄

二月大辛　巳未酉
初一辛酉辰正三刻春分
十六丙子未初一刻清明

三月小辛　亥丑卯
初一辛卯戌正三刻穀雨
十七丁未辰初二刻立夏

四月大庚　辰午申
初三壬戌午正三刻小滿
十九戊寅午正二刻芒種

五月大庚　戌子寅
初五甲午卯初二刻夏至
二十己酉夜子一刻小暑

六月小庚　辰午申
初六乙丑申正三刻大暑
廿二辛巳巳正二刻立秋

七月小己　酉亥丑
初八丙申夜子二刻處暑
廿四壬子午初二刻白露

八月小己　卯巳未
初九丁卯戌正二刻秋分
廿五癸未寅初初刻寒露

九月大戊　申戌子
十一戊戌子正三刻霜降
廿六癸丑寅正三刻立冬

十月小戊　寅辰午
十一戊辰丑初三刻小雪
廿五壬午戌正二刻大雪

十一月小丁　未酉亥
十二丁酉未正初刻冬至
廿六壬子辰初初刻小寒

十二月大丙　子寅辰
十二丁卯子正一刻大寒
廿六辛巳酉正三刻立春

同治十一年壬申

新增萬年書

正月小丙
戌　申
十一丙申未正三刻雨水
廿六辛亥未初一刻驚蟄

二月小乙
亥　丑　卯
十二丙寅未正二刻春分
廿七辛巳戌初初刻清明

三月小乙
酉　未　巳
十三丁酉未正三刻穀雨
廿八壬子未初二刻立夏

四月大甲
戌　子　寅
十五戊辰丑正三刻小滿
三十癸未酉正二刻芒種

五月大甲
申　午　辰
十六巳亥午初二刻夏至

六月小甲
戌　子　寅
初二乙卯卯初初刻小暑
十七庚午亥正二刻大暑

七月大癸
巳　未
初四丙戌未正三刻立秋
二十壬寅卯初一刻處暑

八月小癸
酉　亥　丑
初五丁酉酉初一刻白露
廿一癸丑正一刻秋分

九月大壬
寅　辰　午
初七戊子辰正一刻寒露
廿二癸卯巳正三刻霜降

十月大壬
申　戌　子
初九戊午巳正二刻立冬
廿二癸酉辰初二刻小雪

十一月小壬
寅　辰　午
初七戊子丑正二刻大雪
廿一壬寅戌正初刻冬至

十二月大辛
未　酉　亥
初七丁巳未初初刻小寒
廿二壬申卯正一刻大寒

心一堂術數古籍珍本叢刊　星命類

新增萬年書

同治十二年癸酉

正月小辛　巳　丑卯
初七丁亥子正二刻立春
廿一辛丑戌正二刻雨水

二月小庚　午申戌
初七丙辰戌初一刻驚蟄
廿二辛未戌正一刻春分

三月大己　亥丑卯
初九丁亥子正三刻清明
廿四壬寅辰正二刻穀雨

四月小己　巳未酉
初九丁巳戌初二刻立夏
廿五癸酉辰正三刻小滿

五月大戊　戌子寅
十二己丑子正一刻芒種
廿七甲辰酉初一刻夏至

六月小戊　辰午申
十三庚申巳正三刻小暑
廿九丙子寅正一刻大暑

閏六月小丁　酉亥丑
十五辛卯戌正二刻立秋

七月大丁　卯巳未
初一丁未午初初刻處暑
十六壬戌夜子初刻白露

八月小丁　酉亥丑
初二戊寅辰正一刻秋分
十七癸巳未正初刻寒露

九月大丙　寅辰午
初三戊申申正三刻霜降
十八癸亥申正一刻立冬

十月大丙　申戌子
初三戊寅未正一刻小雪
十八癸巳辰正一刻大雪

十一月小丙　寅辰午
初三戊申丑初三刻冬至
十七壬戌酉正三刻小寒

十二月大乙　未酉亥
初三丁丑午正初刻大寒
十八壬辰卯正一刻立春

同治十三年甲戌

正月小乙
丑卯 巳
初三丁未丑正一刻雨水
十八壬戌子正三刻驚蟄

二月小甲
午申戌
初四丁丑丑正一刻春分
十九壬辰卯正二刻清明

三月大癸
亥丑卯
初一癸亥丑正初刻穀雨
廿一癸未未正初刻立夏

四月小癸
巳未酉
初六戊寅未正二刻小滿
廿二甲午卯正初刻芒種

五月大壬
戌子寅
初八己巳巳正初刻夏至
廿四乙丑申正三刻小暑

六月小壬
辰子申
初十辛巳巳正初刻大暑
廿六丁酉丑正二刻立秋

七月大辛
丑亥酉
十二壬子申正三刻處暑
廿八戊辰卯初初刻白露

八月小辛
卯巳未
十三癸未未初三刻秋分
廿八戊戌戌初初刻寒露

九月大庚
申戌子
十四癸丑亥初二刻霜降
廿九戊辰亥正初刻立冬

十月大庚
寅辰午
十四癸未戌正初刻小雪
廿九戊戌未初初刻大雪

十一月大庚
申戌子
十四癸丑辰初二刻冬至
十九戊辰子正二刻小寒

十二月小庚
寅辰午
十三壬午酉初三刻大寒
廿八丁酉午正初刻立春

偉八星命錄

光緒元年乙亥

正月大己
十四壬子辰正一刻雨水
十九丁卯卯正三刻驚蟄

二月小己
十四壬午辰正初刻春分
十九丁酉午正二刻清明

三月小戊
十五壬子戌正初刻穀雨

四月大丁
十七癸未戌正一刻小滿
初二戊辰卯正三刻立夏

五月小丁
十九乙卯辰正三刻夏至
初三巳午初三刻芒種

六月小丙
廿一丙戌申初三刻大暑
初五庚午亥正二刻小暑

七月大乙
初八壬寅辰正一刻立秋
廿三丁巳亥正三刻處暑

八月小乙
初九癸酉巳正三刻白露
廿四戊子戌初三刻秋分

九月大甲
十一甲辰丑初三刻寒露
廿六巳未寅正一刻霜降

十月大甲
十一甲戌丑初初刻立冬
廿六巳丑寅正初刻小雪

十一月大甲
初十癸卯戌初三刻大雪
廿五戊午未初二刻冬至

十二月小甲
初十癸酉卯正二刻小寒
廿四丁亥夜子三刻大寒

七十

新增萬年書

光緒二年丙子

正月大癸　丑卯　巳
　廿五丁巳未正初刻雨水
　初十壬寅酉正初刻立春

二月大癸　未酉亥
　廿五丁亥未初三刻春分
　初十壬申午正二刻驚蟄

三月小癸　丑卯巳
　廿六戊午丑正初刻穀雨
　初十壬寅酉正一刻清明

四月小壬　午申戌
　廿八巳亥丑正初刻小滿
　十二癸酉午正二刻立夏

五月大辛　亥丑卯
　三十庚申巳正二刻夏至
　十四甲辰酉初二刻芒種

閏五月小辛　巳未酉
　十六丙子寅正一刻小暑

六月小庚　戌子寅
　十八丁未未正初刻立秋
　初二辛卯亥初三刻大暑

七月大巳　卯巳未
　二十戊寅申正二刻白露
　初五癸亥寅正二刻處暑

八月小巳　酉亥丑
　廿一巳酉辰初二刻寒露
　初六甲午丑初二刻秋分

九月大戊　寅辰午
　廿二巳卯巳初三刻霜降
　初七甲子巳正一刻立冬

十月大戊　申戌子
　廿二甲午卯正三刻大雪
　初七甲午卯正三刻小雪

十一月小戊　寅辰午
　廿一戊寅午正一刻小寒
　初六癸亥戌初一刻冬至

十二月大丁　未酉亥
　廿一丁未夜子三刻立春
　初七癸巳卯初二刻大寒

光緒三年丁丑

正月大丁
巳
初六壬戌戌初三刻雨水
廿一丁丑酉正一刻驚蟄

二月大丁
未酉亥
初六癸亥辰初三刻春分
廿二戊申子正初刻清明

三月小丁
丑卯巳
初六癸亥辰初三刻穀雨
廿二戊寅酉正二刻立夏

四月小丙
午申戌
初九甲午辰正二刻小滿
廿四己酉夜子二刻芒種

五月大乙
卯丑亥
十一乙丑申正二刻夏至
廿七辛巳巳正初刻小暑

六月小乙
巳未酉
十三丁酉寅初二刻大暑
廿八壬子戌初二刻立秋

七月小甲
戌子寅
十五戊辰巳正二刻處暑

八月大癸
卯巳未
初一癸未亥正初刻白露
十七己亥辰初二刻秋分

九月小癸
酉亥丑
初二甲申申初一刻寒露
十七己巳申正初刻霜降

十月大壬
寅辰午
初三甲寅辰正二刻立冬
十八己亥午正二刻小雪

十一月小壬
申戌子
初三甲寅辰初二刻大雪
十八己丑子初初刻冬至

十二月大辛
丑卯巳
初三癸未酉正初刻小寒
十八戊戌午初一刻大寒

七十二

光緒四年戊寅

正月大辛

未酉亥　初三癸丑卯初三刻立春　十八戊辰丑初三刻雨水

二月大辛

丑卯巳　初三癸未子正初刻驚蟄　十八戊戌丑初二刻春分

三月小辛

未酉亥　初三癸卯卯初三刻清明　十八戊辰未初二刻穀雨

四月大庚

子寅辰　初五甲子申正一刻立夏　二十己巳未正三刻小滿

五月小庚

午申戌　初六乙卯卯初一刻芒種　廿一庚午亥正一刻夏至

六月大己

亥丑卯　初八丙戌申初三刻小暑　廿四壬寅巳初一刻大暑

七月小己

巳未酉　初十戊午丑初二刻立秋　廿五癸酉申正初刻處暑

八月小戊

戌子寅　十二庚寅未初一刻白露　廿七甲辰未初一刻秋分

九月大丁

丑卯巳未　十三辛未戌初二刻寒露　廿八甲戌亥初三刻霜降

十月小丁

酉亥　十三辛亥正初二刻立冬　廿八甲辰酉正二刻小雪

十一月大丙

寅辰午　十四壬午未初一刻大雪　廿九甲戌辰初初刻冬至

十二月小丙

申戌子　十四乙丑子正初刻小寒　廿八癸卯酉初一刻大寒

新增茂年書

光緒五年己卯

正月大乙
丑卯巳
十四戊午午初二刻立春
廿九癸酉辰初二刻雨水

二月大乙
未酉亥
十四戊子卯正初刻驚蟄
廿九癸卯辰初一刻春分

三月小乙
丑卯巳
十四戊午午初三刻清明
廿九癸酉戌初一刻穀雨

閏三月大甲
午申戌
十六己丑卯正初刻立夏

四月大甲
子寅辰
十一甲辰戌初二刻小滿
十七庚申午初初刻芒種

五月小甲
午申戌
初三丙子寅正初刻夏至
十八辛卯亥初三刻小暑

六月大癸
亥丑卯
初五丁未申初初刻大暑
廿一癸亥辰初二刻立秋

七月小癸
巳未酉
初六戊寅亥正初刻處暑
廿二甲午巳正初刻白露

八月小壬
戌子寅
初八己酉戌初初刻秋分
廿四乙丑丑初初刻寒露

九月大辛
卯巳未
初十庚辰寅初二刻霜降
廿五乙未寅初一刻立冬

十月小辛
酉亥丑
初十庚戌子正一刻小雪
廿四甲子戌初一刻大雪

十一月大庚
寅辰午
初十己卯午正三刻冬至
廿五甲午卯初三刻小寒

十二月小庚
申戌子
初九戊申夜子初一刻大寒
廿四癸亥酉初一刻立春

新增萬年書

光緒六年庚辰

正月大己	二月小己	三月大戊	四月大戊	五月小戊	六月大丁
丑卯巳	未酉亥	子寅辰	午申戌	子寅辰	巳未酉
初十戊寅未初二刻雨水	初十戊申未初初刻春分	十二己卯丑初初刻穀雨	十三庚戌丑初一刻小滿	十四辛巳巳初三刻夏至	初一丁酉寅初二刻小暑
廿五癸巳午初三刻驚蟄	廿五癸亥酉初二刻清明	廿七甲午午初初刻立夏	廿八乙丑申正三刻芒種		十六壬子戌正三刻大暑

七月大丁	八月小丁	九月大丙	十月小丙	十一月小乙	十二月大甲
亥丑卯	巳未酉	戌子寅	辰午申	酉亥丑	寅辰午
初二戊辰未初一刻立秋	初三己巳申初二刻白露	初三庚午卯正三刻寒露	初五庚子巳初初刻立冬	初六庚午丑初初刻大雪	初六己亥午初二刻小寒
十八甲申寅初三刻處暑	十九乙卯子正三刻秋分	二十乙酉巳初二刻霜降	二十乙卯卯正初刻小雪	二十甲申酉正二刻冬至	廿一甲寅寅正三刻大寒

光緒七年辛巳

正月小甲　申戌子
初五戊辰夜子初一刻立春
二十癸未戌初一刻雨水

二月大癸　丑卯巳
初六戊戌酉初二刻驚蟄
廿一癸丑戌初初刻春分

三月小癸　未酉亥
初六戊辰夜子一刻清明
廿二甲申戌初一刻穀雨

四月大壬　子寅辰
初八乙亥酉初三刻立夏
廿四乙卯辰初初刻小滿

五月小壬　午申戌
初九庚午亥正二刻芒種
廿五丙戌申初二刻夏至

六月大辛　亥丑卯
十二壬寅巳初一刻小暑
廿八戊午丑正三刻大暑

七月大辛　巳未酉
十三癸酉戌初初刻立秋
廿九己丑巳初二刻處暑

閏七月小辛　亥丑卯
十四甲辰亥初二刻白露

八月大庚　辰午申
初一庚申午正三刻秋分
十六乙亥午正二刻寒露

九月大庚　戌子寅
初一庚寅申正一刻霜降
十六乙巳未正三刻立冬

十月小庚　辰午申
初一庚申午正初刻小雪
十六乙亥卯正三刻大雪

十一月大己　丑亥酉
初二庚寅子正二刻冬至
十六甲辰酉初二刻小寒

十二月小己　卯巳未
初一己未巳正三刻大寒
十六甲戌卯初初刻立春

光緒八年壬午

正月小戊　子戌
初二巳丑初初刻雨水
十六癸卯夜子二刻驚蟄

二月大丁　申巳
初三巳未子正三刻春分
十八甲戌卯初一刻清明

三月小丁　亥酉未
初八甲辰夜子二刻穀雨
十八甲戌卯正二刻立夏

四月大丙　子寅辰
初五庚申申正三刻小滿
廿一丙子寅正二刻芒種

五月小丙　午申戌
初六辛卯亥初二刻夏至
廿二丁未申初初刻小暑

六月大乙　亥丑卯
初九癸亥辰正二刻大暑
廿五己卯子正三刻立秋

七月小乙　巳未酉
初十甲午申初一刻處暑
廿六庚戌寅初一刻白露

八月大甲　戌子寅
十二乙丑午正二刻秋分
廿七庚辰酉正二刻寒露

九月大甲　辰午申
十二乙未亥初初刻霜降
廿七庚戌戌正三刻立冬

十月小甲　寅子戌
十二乙丑酉初三刻小雪
廿七庚辰午正三刻大雪

十一月大癸　卯巳未
十三乙未卯正一刻冬至
廿七己酉夜子一刻小寒

十二月大癸　丑亥酉
十二甲子申正二刻大寒
廿七己卯巳正三刻立春

新增萬年書

光緒九年癸未

正月小癸
卯巳未
廿七乙酉卯初一刻驚蟄
十二甲午卯正三刻穀雨

二月小壬
子申戌
廿八巳卯午初初刻清明
十三巳子卯正二刻春分

三月大辛
巳
三十庚戌卯初一刻立夏
十四甲午酉正二刻穀雨

四月小辛
未酉亥
十五乙丑酉正三刻小滿

五月小庚
子寅辰
十八丁酉寅初一刻夏至
初二辛巳巳正一刻芒種

六月大巳
巳未酉
二十戊辰未正一刻大暑
初四壬子戌正三刻小暑

七月小巳
亥丑卯
廿一巳亥亥初一刻處暑
初六甲申卯正二刻立秋

八月大戊
辰午申
廿三庚午酉正一刻秋分
初八乙卯巳初一刻白露

九月大戊
戌子寅
廿四辛丑寅初初刻霜降
初九丙戌子正一刻寒露

十月大戊
辰午申
廿三庚午夜子二刻小雪
初九丙辰丑正二刻立冬

十一月小戊
戌子寅
廿三庚子午正初刻冬至
初八乙酉酉正二刻大雪

十二月大丁
卯巳未
廿三巳亥卯正一刻大寒
初九乙卯卯初初刻小寒

七十八

光緒十年甲申

正月大丁
丑 亥 酉
初八甲申申正二刻立春
廿三巳亥午正二刻雨水

二月小丁
卯 巳 未
初八甲寅午初初刻驚蟄
廿三巳巳午正一刻春分

三月小丙
子 戌 申
初九甲申申正三刻清明
廿五庚子子正一刻穀雨

四月大乙
巳 卯 丑
十一乙卯子初初刻立夏
廿七辛未子正二刻小滿

五月小乙
亥 酉 未
十二丙戌申正二刻芒種
廿八壬寅巳初初刻夏至

閏五月小甲
辰 寅 子
十五戊午丑正三刻小暑

六月大癸
巳 未 酉
初一癸酉戌正初刻大暑
十七巳丑午正二刻立秋

七月小癸
亥 丑 卯
初三乙巳寅申初初刻處暑
十八庚申申初初刻白露

八月大壬
辰 午 申
初五丙子子正初刻秋分
二十辛卯卯正初刻寒露

九月大壬
戌 子 寅
初五丙午辰正初刻霜降
二十辛酉辰正一刻立冬

十月小壬
辰 午 申
初五丙子卯初二刻小雪
二十辛卯子初一刻大雪

十一月大辛
酉 亥 丑
初五乙巳酉正初刻冬至
二十庚申巳正三刻小寒

十二月大辛
卯 巳 未
初五乙亥寅正初刻大寒
十九巳丑亥正二刻立春

〔二〇〕

新增萬年書

八十

光緒十一年乙酉

正月大辛　亥丑
十九己未申正三刻驚蟄
初四甲辰酉正二刻雨水

二月小辛　酉
十九己丑亥正二刻春分
初四甲戌酉正二刻清明

三月小庚　申戌子
廿一庚申申初初刻立夏
初六乙巳卯正一刻穀雨

四月大己　丑卯巳
廿三辛卯亥初三刻芒種
初八丙子卯正一刻小滿

五月小己　未酉亥
廿五癸亥辰正二刻小暑
初九丁未未正三刻夏至

六月小戊　子寅辰
廿七甲午酉正一刻立秋
十二己卯丑初三刻大暑

七月大丁　巳未酉
廿九乙丑戌正三刻白露
十四庚戌辰正三刻處暑

八月小丁　亥丑卯
十五辛巳卯正初刻秋分

九月大丙　辰午申
十六辛亥未正二刻霜降
初一丙申午正三刻寒露

十月小丙　戌子寅
十六辛巳午初一刻小雪
初一丙寅未正一刻立冬

十一月大乙　卯巳未
十六庚戌夜子三刻冬至
初二丙申卯正初刻大雪

十二月大乙　酉亥丑
十六庚辰巳正初刻大寒
初一乙丑申正三刻小寒

光緒十二年丙戌

月份	節氣
正月大乙 巳未	初一乙未寅正一刻立春　十六庚戌子正一刻雨水　三十甲子亥正三刻驚蟄
二月小乙 卯酉亥丑	十六庚辰子正一刻春分
三月大甲 寅辰午	初二乙未寅正二刻清明　十七庚戌午正初刻穀雨
四月小甲 申戌子	初二乙丑亥正三刻立夏　十八辛巳午正初刻小滿
五月大癸 丑卯巳	初五丁酉寅初二刻芒種　二十壬子戌正二刻夏至
六月大癸 末酉亥	初六戊辰未正一刻小暑　廿二甲申辰初三刻大暑
七月小壬 子寅辰	初九庚子子正初刻立秋　廿四乙卯未正二刻處暑
八月大辛 巳未酉	十一辛未丑正二刻白露　廿六丙戌午初二刻秋分
九月小辛 亥丑卯	十一辛丑酉正三刻寒露　廿六丙辰戌正一刻霜降
十月大庚 辰午申	十一辛未戌正初刻立冬　廿二丙戌酉初初刻小雪
十一月小庚 戌子寅	十二壬寅午正初刻大雪　廿七丁卯辰初二刻冬至
十二月大己 卯巳未	十二庚午亥正二刻小寒　廿七乙酉申初三刻大寒

新增萬年書

光緒十三年丁亥

正月大巳
酉亥丑
十二庚子巳正初刻立春
廿七乙卯卯正初刻雨水

二月小巳
卯巳未
十二庚午寅正二刻驚蟄
廿七乙酉卯初三刻春分

三月大戊
申戌子
十三庚子巳正一刻清明
廿八乙卯酉初三刻穀雨

四月大戊
寅辰午
十四辛未寅正二刻立夏
廿九丙戌酉正初刻小滿

閏四月小戊
申戌子
十五壬寅巳初二刻芒種

五月大丁
丑卯巳
初二戊午丑正二刻夏至
十七癸酉戌正初刻小暑

六月小丁
未酉亥
初三巳丑未初三刻大暑
十九乙巳卯初三刻立秋

七月小丙
子寅辰
初五庚申戌正一刻處暑
廿一丙子辰正二刻白露

八月大乙
巳未酉
初七丙午夜子二刻秋分
廿二丙午夜子二刻寒露

九月小乙
亥丑卯
初八壬戌丑正三刻霜降
廿三丁丑丑初三刻立冬

十月大甲
辰午申
初八辛卯亥正三刻小雪
廿三丙午酉正三刻大雪

十一月小甲
戌子寅
初八辛酉午初二刻冬至
廿三丙子寅正一刻小寒

十二月大癸
卯巳未
初八庚寅亥初二刻大寒
廿三乙巳申初三刻立春

光緒十四年戊子

正月大癸　亥丑
初八庚申午正一刻雨水
廿三乙亥巳正一刻驚蟄

二月小癸　酉
廿三乙巳申正初刻清明
初八庚寅午初二刻春分

三月大壬　巳未
廿五丙子巳正一刻立夏
初九庚申夜子三刻穀雨

四月大壬　子戌
廿六丁未申初一刻芒種
初十辛卯夜子三刻小滿

五月小壬　申戌
廿八己卯丑初三刻小暑
十二癸亥辰正一刻夏至

六月大辛　巳卯
三十庚戌午初三刻立秋
十四甲午戌初三刻大暑

七月小辛　未酉亥
十六丙寅丑正一刻處暑

八月小庚　子寅辰
初二辛巳未正一刻白露
十七丙申夜子一刻秋分

九月大己　巳未
初四壬子卯初一刻寒露
十九丁卯辰正初刻霜降

十月小己　亥丑卯
初四壬午辰初三刻立冬
十九丁酉寅正三刻小雪

十一月大戊　辰午申
初四壬子辰初三刻大雪
十九丁亥夜子三刻冬至

十二月小戊　戌子寅
初四辛巳巳正一刻小寒
十九丙申寅初二刻大寒

光緒十五年巳丑

正月大丁　巳未
　初四庚戌初三刻立春
　十九乙丑酉初三刻雨水

二月小丁　酉亥丑
　初三庚辰申正一刻驚蟄
　十九乙未酉初三刻春分

三月大丙　寅辰午
　初五庚戌亥初三刻清明
　廿一丙寅卯初二刻穀雨

四月大丙　申戌子
　初六辛巳申正初刻立夏
　廿二丁酉卯初二刻小滿

五月小丙　寅辰午
　初七壬子亥初初刻芒種
　廿三戊辰未正初刻夏至

六月大乙　未酉亥
　初十甲申辰初三刻小暑
　廿六庚子丑初初刻大暑

七月小乙　丑卯巳
　十一乙卯酉初二刻立秋
　廿七辛未辰正初刻處暑

八月大甲　午申戌
　十三丙戌戌正初刻白露
　廿九壬寅卯初一刻秋分

九月小甲　子寅辰
　十四丁巳午初初刻寒露
　廿九壬申未初三刻霜降

十月大癸　巳未酉
　十五丁亥未初二刻立冬
　三十壬寅巳正二刻小雪

十一月小癸　亥丑卯
　十五丁巳卯初二刻大雪
　廿九辛未夜子初刻冬至

十二月大壬　辰午申
　十五丙戌申正初刻小寒
　三十辛丑巳初一刻大寒

光緒十六年庚寅

正月小壬
寅 戌子
十五丙辰寅初二刻立春
廿九庚午夜子二刻雨水

二月大辛
戌子 未巳
三十庚子夜子一刻春分
十五乙酉亥初一刻驚蟄

閏二月小辛
丑 亥 酉
十六丙辰寅初二刻清明

三月大庚
寅 辰 午
十七丙戌亥正初刻立夏
初三壬寅午初一刻穀雨

四月小庚
申 戌 子
十九戊午丑正三刻芒種
初三壬寅午初一刻小滿

五月大己
丑 卯 巳
廿一己丑未初二刻小暑
初五癸酉戌初三刻夏至

六月大己
未 酉 亥
廿二庚申夜子一刻立秋
初七乙巳辰初初刻大暑

七月小己
丑 卯 巳
廿四壬辰丑初三刻白露
初八丙子未初三刻處暑

八月大戊
午 申 戌
廿五壬戌酉初初刻寒露
初十丁未午初初刻秋分

九月小戊
子 寅 辰
廿五壬辰戌初一刻立冬
十二丁丑戌初三刻霜降

十月大丁
巳 未 酉
廿六壬戌午初一刻大雪
十一丁未申正一刻小雪

十一月小丁
亥 丑 卯
廿七丁卯亥初三刻小寒
十二丁丑卯初初刻冬至

十二月大丙
辰 午 申
廿六辛酉巳初一刻立春
十一丙午申初初刻大寒

光緒十七年辛卯

正月小丙
戌子寅
廿一丙子卯初二刻雨水
十六辛卯寅初三刻驚蟄

二月大乙
卯巳未
十二丙午卯初初刻春分
廿七辛酉巳初二刻清明

三月小乙
酉亥丑
十二丙子酉初初刻穀雨
廿八壬辰寅初三刻立夏

四月大甲
寅辰午
十四丁未酉初初刻小滿
三十癸亥辰正三刻芒種

五月小甲
申戌子
十六己卯丑初二刻夏至

六月大癸
丑卯巳
初二甲午戌初一刻小暑
十八庚戌午正三刻大暑

七月小癸
未酉亥
初四丙寅卯初初刻立秋
十九辛巳戌初二刻處暑

八月大壬
子寅辰
初六丁酉辰正三刻白露
廿一壬子申正三刻秋分

九月大壬
午申戌
初六丁卯亥正三刻寒露
廿二癸未丑初二刻霜降

十月小壬
子寅辰
初七戊戌丑初一刻立冬
廿一壬子亥正一刻小雪

十一月大辛
巳未酉
初七丁卯酉初一刻大雪
廿二壬午巳正三刻冬至

十二月大辛
亥丑卯
初七丁酉寅初三刻小寒
廿一辛亥亥初初刻大寒

新增萬年書

光緒十八年壬辰

正月小辛
酉未巳
初六丙寅甲初一刻立春
廿一辛巳午初一刻雨水

二月小庚
戌子寅
初七丙申巳初二刻驚蟄
廿二辛亥午初初刻春分

三月大己
卯巳未
初八丙寅申初一刻清明
廿三辛巳夜子初一刻穀雨

四月小己
丑亥酉
初九丁酉巳初二刻立夏
廿四壬子夜子初刻小滿

五月小戊
午辰寅
十一戊辰未正二刻芒種
廿七甲申辰初二刻夏至

六月大丁
未酉亥
十四庚子丑初初刻小暑
廿九乙卯酉正二刻大暑

閏六月小丁
丑卯巳
十五辛未巳正三刻立秋

七月大丙
午申戌
初二丁亥酉初二刻白露
十七壬寅未初二刻處暑

八月大丙
子寅辰
初二丁巳亥正二刻寒露
十八癸酉寅正二刻秋分

九月小丙
午申戌
初三戊子辰初一刻霜降
十八癸卯辰初初刻立冬

十月大乙
亥丑卯
初四戊午寅正初刻小雪
十八壬申夜子初刻大雪

十一月大乙
巳未酉
初三丁亥申正二刻冬至
十八壬寅巳初二刻小寒

十二月大乙
亥丑卯
初三丁巳丑正三刻大寒
十七辛未亥初初刻立春

光緒十九年癸巳

正月小乙
巳未酉
初二丙戌酉初初刻雨水
十七辛丑申初二刻驚蟄

二月小甲
戌子寅
初三丙辰申正三刻春分
十八辛未亥初初刻清明

三月大癸
卯巳未
初五丁亥寅正三刻穀雨
二十壬寅申初一刻立夏

四月小癸
酉亥丑
初六戊午寅正一刻小滿
廿一癸酉戌正一刻芒種

五月小壬
寅辰午
初八己丑未初一刻夏至
廿四乙巳卯正三刻小暑

六月大辛
未酉亥
十一辛酉子正一刻大暑
廿六丙子申正三刻立秋

七月小辛
丑卯巳
十二壬辰戌初一刻處暑
廿七丁未戌初一刻白露

八月大庚
午申戌
十四癸亥寅正二刻秋分
廿九戊寅巳正一刻寒露

九月小庚
子寅辰
十五癸巳初初刻霜降
三十戊申午正三刻立冬

十月大己
巳未酉
十五癸巳未初初刻小雪
三十戊寅寅正三刻大雪

十一月大己
亥丑卯
十四壬辰亥正一刻冬至
廿九丁未申初一刻小寒

十二月大己
巳未酉
十四壬戌辰正二刻大寒
廿九丁丑丑正三刻立春

正月小己　卯丑亥
十三辛卯亥正三刻雨水
廿八丙午亥初一刻驚蟄

二月大戊　申辰午
十四辛酉亥初二刻春分
三十丁丑寅初初刻清明

三月小戊　寅子戌
十五壬辰巳正二刻穀雨

四月大丁　未巳卯
初一丁未亥初一刻立夏
十七癸亥巳正二刻小滿

五月小丁　丑亥酉
初三巳卯丑正初刻芒種
十八甲午戌初初刻夏至

六月小丙　午辰寅
初五庚戌午正三刻小暑
二十丙寅卯正初刻大暑

七月大乙　亥酉未
初七辛巳亥正二刻立秋
廿三丁酉未初初刻處暑

八月小乙　巳卯丑
初九癸丑丑初初刻白露
廿四戊辰巳正一刻秋分

九月大甲　戌申午
初十癸未申正一刻寒露
廿五戊戌戌初三刻霜降

十月小甲　辰寅子
初十癸未酉正二刻立冬
廿五戊辰申初三刻小雪

十一月大癸　酉未巳
十一癸丑巳正二刻大雪
廿六戊戌寅正一刻冬至

十二月大癸　卯丑亥
初十壬子亥初一刻小寒
廿五丁卯未正二刻大寒

光緒二十一年乙未

正月大癸　西巳未
　初十壬午辰正三刻立春
　廿五丁酉寅正三刻雨水

二月小癸　亥丑卯
　初十壬子寅正初刻驚蟄
　廿五丁卯寅正一刻春分

三月大壬　辰午申
　十一壬午辰正三刻清明
　廿六丁酉申正一刻穀雨

四月小壬　戌子寅
　十二癸丑寅初初刻立夏
　廿七戊辰申正一刻小滿

五月大辛　卯巳未
　十四甲申辰初三刻芒種
　三十庚子子正三刻夏至

閏五月小辛　酉亥丑
　十五乙卯酉正二刻小暑

六月小庚　寅辰午
　初二辛未午正初刻大暑
　十八丁亥寅正一刻立秋

七月大己　未酉亥
　初四壬寅酉正三刻處暑
　二十戊午辰初初刻白露

八月小己　丑卯巳
　初五癸酉申正初刻秋分
　二十戊子亥正初刻寒露

九月大戊　午申戌
　初七甲辰子正二刻霜降
　廿二己未子正二刻立冬

十月小戊　子寅辰
　初六癸酉亥初二刻小雪
　廿一戊子申正二刻大雪

十一月大丁　巳未酉
　初七癸卯巳正初刻冬至
　廿二戊午寅初初刻小寒

十二月小丁　亥丑卯
　初六壬申戌正一刻大寒
　廿一丁未正二刻立春

右側：民國偉人星命錄 附 新增萬年書

六月小乙	五月大乙	四月小丙	三月大丙	二月大丙	正月小丁
酉亥丑	卯巳未	子寅	辰午申	戌子寅	巳未酉
十二丙子酉初三刻大暑	十一乙卯巳正二刻夏至	初八癸酉酉正一刻小滿	初七壬寅亥正一刻穀雨	初七壬申巳正一刻春分	初六壬寅巳正二刻雨水
廿八壬辰巳初初刻立秋	廿七辛酉子正三刻小暑	廿四己丑未初三刻芒種	廿三戊午辰正三刻立夏	廿二丁亥未正二刻清明	廿一丁巳巳初初刻驚蟄

十二月大辛	十一月小壬	十月大壬	九月小癸	八月大癸	七月小甲
巳未酉	子寅辰	午申戌	丑卯巳	未酉亥	寅辰午
初三癸亥辰正三刻小寒	初二癸巳亥正一刻大雪	初三甲子卯正一刻立冬	初二甲午寅初三刻寒露	初二甲子寅初三刻白露	十五戊申子正二刻處暑
十八戊寅丑正初刻大寒	十七戊申申初三刻冬至	十八己卯寅初一刻小雪	十七己酉卯正二刻霜降	十六戊寅亥初三刻秋分	

左側：新增萬年書

光緒二十三年丁酉

正月小辛　卯丑亥
初二壬辰戌正一刻立春
十七丁未申正一刻雨水

二月大庚　申午辰
初三壬戌未正三刻驚蟄
十八丁丑申正初刻春分、

三月大庚　寅子戌
初三壬辰戌正一刻清明
十九戊申寅正一刻穀雨

四月小庚　申午辰
初四癸亥未正二刻立夏
二十巳卯寅正初刻小滿

五月大巳　丑亥酉
初六甲午戌初二刻芒種
廿二庚戌午正二刻夏至

六月小巳　未巳卯
初八丙寅卯正初刻小暑
廿三辛巳夜子二刻大暑

七月大戊　子戌申
初十丁酉申初三刻立秋
廿六癸丑卯正三刻處暑

八月小戊　寅辰午
十一戊辰酉正二刻白露
廿七甲申寅初三刻秋分

九月大丁　未酉亥
十三巳亥巳初三刻寒露
廿八甲寅午正一刻霜降:

十月小丁　巳卯丑
十三巳午正初刻立冬
廿八甲申巳初一刻小雪

十一月大丙　戌申午
十四巳寅正初刻大雪
廿八癸丑亥初三刻冬至

十二月小丙　辰寅子
十三戊辰未正三刻小寒
廿八癸未辰正初刻大寒

光緒二十四年戊戌

正月大乙
巳未酉
十四戊戌丑正一刻立春
廿八壬子亥正一刻雨水

二月小乙
亥丑卯
十三丁卯戌正二刻驚蟄
廿八壬午亥初三刻春分

三月大甲
辰午申
十五戊辰丑正一刻清明
三十癸丑巳初三刻穀雨

閏三月小甲
戌子寅
十五戊辰戌正二刻立夏

四月大癸
卯巳未
初二甲申巳初三刻小滿
十八庚子丑初一刻芒種

五月大癸
酉亥丑
初三乙卯酉正一刻夏至
十九辛未午初三刻小暑

六月小癸
卯巳未
初五丁亥卯初一刻大暑
二十壬寅亥初三刻立秋

七月大壬
申戌子
初七戊午午正一刻處暑
廿三甲戌子正一刻白露

八月小壬
寅辰午
初八己丑巳正一刻秋分
廿三甲辰申初二刻寒露

九月大辛
未酉亥
初九己未酉初一刻霜降
廿四甲戌酉初初刻立冬

十月小辛
丑卯巳
初十己巳巳正初刻小雪
廿四甲辰巳正初刻大雪

十一月大庚
午申戌
初十己巳寅初二刻冬至
廿四癸酉戌正一刻小寒

十二月小庚
子寅辰
初九戊子未初三刻大寒
廿四癸卯辰正初刻立春

新增萬年書

光緒二十五年己亥

正月大己
巳未酉
初一戊午寅正初刻雨水
廿五癸酉丑正二刻驚蟄

二月小己
亥丑卯
初十戊子寅初二刻春分
廿五癸卯辰正初刻清明

三月大戊
辰午申
十一戊午申初二刻穀雨
廿七甲戌丑正一刻立夏

四月小戊
戌子寅
十二己丑申正初刻芒種
廿八乙巳辰初初刻小滿

五月大丁
卯巳未
十五辛酉子正初刻夏至
三十丙子酉初三刻小暑

六月小丁
酉亥丑
十六壬辰午初初刻大暑

七月大丙
寅辰午
初三戊申寅初二刻立秋
十八癸亥酉正初刻處暑

八月大丙
申戌子
初四己卯卯正一刻白露
十九甲午申初一刻秋分

九月小丙
寅辰午
初四乙丑子正三刻寒露
二十乙丑子正三刻霜降

十月大乙
未酉亥
初五己卯夜子三刻立冬
二十甲午戌正三刻小雪

十一月大乙
丑卯巳
初五己酉申正三刻大雪
二十甲子巳初二刻冬至

十二月大甲
午申戌
初六己卯丑正一刻小寒
二十癸巳戌初二刻大寒

光緒二十六年庚子

正月小甲
辰寅子
初五戊申未初三刻立春
二十癸亥巳初三刻雨水

二月大癸
巳未酉
初六戊寅辰正一刻驚蟄
廿一癸巳巳初二刻春分

三月小癸
卯丑亥
初六戊申未初三刻清明
廿一癸亥亥初一刻穀雨

四月小壬
申午辰
初八乙巳辰正三刻立夏
廿三甲午亥初一刻小滿

五月大辛
亥酉
初十庚戌午正三刻芒種
廿六丙寅卯初三刻夏至

六月小辛
卯巳未
十一辛巳夜子二刻小暑
廿七丁酉酉初初刻大暑

七月大庚
申戌子
十四癸丑巳初一刻立秋
廿九戊辰夜子二刻處暑

八月大庚
寅辰午
十五甲申午正初刻白露
三十己亥亥初初刻秋分

閏八月小庚
申戌子
十六乙卯辰初初刻寒露

九月大己
巳卯丑
初二庚午卯初三刻霜降
十七乙酉卯初二刻立冬

十月大己
亥酉未
初二庚子丑正二刻大雪
十六甲寅亥初二刻小雪

十一月小己
巳卯丑
初一己巳申初一刻冬至
十六甲申辰正一刻小寒

十二月大戊
午申戌
初二己亥丑初二刻大寒
十六癸丑戌初三刻立春

光緒二十七年辛丑

正月小戊
子寅辰
初一戊辰申初三刻雨水
十六癸未未正二刻驚蟄

二月大丁
巳未酉
初二戊戌申初一刻春分
十七癸丑戌初二刻清明

三月小丁
亥丑卯
初三己巳辰初一刻穀雨
十八甲申未初三刻立夏

四月小丙
辰午申
初五庚子寅初一刻小滿
二十乙卯酉正三刻芒種

五月大乙
酉亥丑
初七辛未午初三刻夏至
廿三丁亥卯初一刻小暑

六月小乙
卯巳未
初八壬寅亥正三刻大暑
廿四戊午申初初刻立秋

七月大甲
申戌子
十一甲戌卯初三刻處暑
廿六己丑酉初三刻白露

八月小甲
寅辰午
十二乙寅巳初初刻秋分
廿七庚申巳初初刻寒露

九月大癸
未酉亥
十三乙亥午初三刻霜降
廿八庚寅午初一刻立冬

十月大癸
丑卯巳
十三乙巳辰正二刻小雪
廿八庚申寅初二刻大雪

十一月大癸
未酉亥
十二甲戌亥初初刻冬至
廿七己丑未正初刻小寒

十二月小癸
丑卯巳
十二甲辰辰初一刻大寒
廿七己未丑初二刻立春

光緒二十八年壬寅

正月大壬
午申戌
十二癸亥初二刻雨水
廿七戊子戌初三刻驚蟄

二月小壬
子辰寅
十二癸卯亥初初刻春分
廿八巳未丑初二刻清明

三月大辛
巳未酉
十四甲戌巳初初刻穀雨
廿九巳丑戌初三刻立夏

四月小辛
亥丑卯
十五乙巳巳初初刻小滿

五月小庚
辰午申
初二辛酉子正初刻芒種
十七丙子酉初二刻夏至

六月大己
丑亥酉
初四壬辰午初初刻小暑
二十戊申寅正二刻大暑

新增萬年書

七月小巳
卯巳未
初五癸亥亥初初刻立秋
廿一巳卯午初二刻處暑

八月大戊
申戌子
初七甲午夜子初二刻白露
廿三庚戌辰正三刻秋分

九月小戊
寅辰午
初八乙丑未正三刻寒露
廿三庚辰酉初二刻霜降

十月大丁
未酉亥
初九乙未酉初二刻立冬
廿四庚戌未正一刻小雪

十一月大丁
巳丑卯
初九乙丑巳初一刻大雪
廿四庚辰丑正三刻冬至

十二月大丁
未酉亥
初八甲午戌初三刻小寒
廿三巳酉未初初刻大寒

光緒二十九年癸卯

正月小丁
卯　巳
初八甲子辰初一刻立春
廿三己卯寅初一刻雨水

二月大丙
午　申　戌
初九甲午丑初三刻驚蟄
廿四乙丑寅初一刻春分

三月小丙
子　寅　辰
初九甲子辰初一刻清明
廿四己卯未正三刻穀雨

四月大乙
巳　未　酉
十一乙未丑初二刻立夏
廿六庚戌未正三刻小滿

五月小乙
亥　丑　卯
十二丙寅卯正一刻芒種
廿七辛巳夜子一刻夏至

閏五月小甲
辰　午　申
十四丁酉申正三刻小署

六月大癸
酉　亥　丑
初一癸巳巳正一刻大署
十七己丑巳正三刻立秋

七月小癸
卯　巳　未
初二甲申酉初一刻處暑
十八庚子卯初一刻白露

八月小壬
申　戌　子
初四乙卯未正一刻秋分
十九庚午戌正三刻寒露

九月大辛
丑　卯　巳
初五乙卯戌正初刻霜降
二十庚子夜子一刻立冬

十月大辛
未　酉　亥
初五乙卯戌正初刻小雪
二十庚午申初三刻大雪

十一月小辛
丑　卯　巳
初五乙卯辰正三刻冬至
二十庚子丑初三刻小寒

十二月大庚
午　申　戌
初五甲寅戌初初刻立春
二十己巳未初初刻大寒

光緒三十年甲辰

正月小庚 子寅辰
初五甲申巳初一刻雨水
二十巳亥辰初二刻驚蟄

二月大丙 午申戌
初五甲寅辰正三刻春分
二十巳巳初初刻清明

三月小丙 子寅辰
初五甲申戌正二刻穀雨
廿一庚子辰初一刻立夏

四月大乙 巳未酉
初七乙卯戌正二刻小滿
廿三辛未午正初刻芒種

五月小巳 亥丑卯
初九丁亥卯初初刻夏至
廿四壬寅辰正三刻小暑

六月小戊 辰午申
十一戊午申正初刻大暑
廿七甲戌辰正二刻立秋

七月大丁 酉亥丑
十三巳丑夜子初一刻處暑
廿九乙巳午初一刻白露

八月小丁 卯巳未
十四庚申戌正一刻秋分

九月小丙 申戌子
初一丙午寅初初刻寒露
十六辛卯卯初初刻霜降

十月大乙 丑卯巳
初一丙子丑正二刻立冬
十七辛酉丑正初刻小雪

十一月大乙 未酉亥
初一乙亥初初刻大雪
十六庚寅未正二刻冬至

十二月小乙 丑卯巳
初一乙巳辰初二刻小寒
十六庚申子正三刻大寒

光緒三十一年乙巳

新增萬年書

正月大甲
午申戌
初一甲戌戌初一刻立春
十六巳丑申戌初一刻雨水

二月大甲
子寅辰
初一甲辰未初一刻驚蟄
十六巳未未正一刻春分

三月小甲
午申戌
初一甲戌戌初初刻穀雨
十七庚寅丑正二刻清明

四月大癸
亥丑卯
初三乙巳未初初刻立夏
十九辛丑酉正二刻小滿

五月大癸
巳未酉
初四丙子酉正初刻芒種
二十壬辰巳正三刻夏至

六月小癸
亥丑卯
初六戊申寅正初刻小暑
廿一癸亥亥正初刻大暑

七月小壬
辰午申
初八巳卯未正一刻立秋
廿四乙未寅正三刻處暑

八月大辛
酉亥丑
初十庚戌酉初初刻白露
廿六丙寅丑正一刻秋分

九月小辛
卯巳未
十一辛巳辰正二刻寒露
廿六丙申午初初刻霜降

十月大庚
戌子午
十二辛亥巳正三刻立冬
廿七丙寅辰初三刻小雪

十一月小庚
寅辰申
十二辛巳丑正三刻大雪
廿六乙未戌正一刻冬至

十二月大巳
未酉亥
十二庚戌未初二刻小寒
廿七乙丑卯正二刻大寒

一○九

一四○

光緒三十二年丙午

正月小己
巳卯丑
十二庚辰子正三刻立春
廿六甲午戌正三刻雨水

二月大戊
丑卯
十二己酉戌初一刻驚蟄
廿七甲子戌正一刻春分

三月大戊
午申戌
十三庚戌酉正三刻清明
廿八乙未辰正三刻穀雨

四月小戊
子寅辰
十三庚辰子正一刻立夏
廿九丙寅辰正一刻小滿

閏四月大丁
亥丑卯
十五辛巳夜子三刻芒種

五月小丁
巳未酉
初一丁酉申正三刻夏至
十七癸丑巳正一刻小暑

六月大丙
戌子寅
初四己巳寅初三刻大暑
十九甲申戌正初刻立秋

七月小丙
辰午申
初五庚子巳正三刻處暑
二十乙卯亥正三刻白露

八月大乙
酉亥丑
初七辛未辰正初刻秋分
廿二丙戌未正初刻寒露

九月小乙
卯巳未
初七辛丑申正二刻霜降
廿二丙辰申正二刻立冬

十月大甲
申戌子
初八辛未未初二刻小雪
廿三丙戌辰正二刻大雪

十一月小甲
寅辰午
初八辛丑戌初一刻冬至
廿二乙卯戌初一刻小寒

十二月大癸
未酉亥
初八庚午午正一刻大寒
廿三乙酉卯正一刻立春

新增萬年書

光緒三十三年丁未

正月小癸　巳卯丑
　初八庚子丑正一刻雨水
　廿三乙卯丑正初刻驚蟄

二月大壬　戌申午
　初九庚午丑正一刻春分
　廿四乙酉卯正二刻清明

三月小壬　辰寅子
　初九庚子未正初刻穀雨
　廿五丙辰子正三刻立夏

四月大辛　酉未巳
　十一辛未未正初刻芒種
　廿七丁亥卯初二刻小滿

五月小辛　卯丑亥
　十二壬寅亥正二刻夏至
　廿八戊午申正初刻小暑

六月大庚　申午辰
　十五甲戌巳初二刻大暑

七月大庚　寅子戌
　初一庚寅丑正初刻立秋
　十六乙巳申正二刻處暑

八月小庚　申午辰
　初二辛酉寅正二刻白露
　十七丙子未初三刻秋分

九月大巳　丑亥酉
　初三辛卯戌正三刻寒露
　十八丙午亥正二刻霜降

十月小巳　未巳卯
　初三辛酉亥正一刻立冬
　十八丙子戌初二刻小雪

十一月大戊　子戌申
　初四辛卯未正二刻大雪
　十九丙午辰正初刻冬至

十二月小戊　午辰寅
　初四辛酉亥初初刻小寒
　十八乙亥酉正一刻大寒

一〇二

光緒三十四年戊申

正月大丁
未酉亥
初四庚寅午正二刻立春
十九乙巳辰正二刻雨水

二月小丁
巳未酉亥
初四庚申卯正三刻驚蟄
十九乙亥辰正初刻春分

三月小丙
午申戌
初五庚寅午正一刻清明
二十乙巳戌初三刻穀雨

四月大乙
亥丑卯
初七辛酉卯正二刻立夏
廿二丙子戌正三刻小滿

五月大乙
巳未酉
初八壬辰午初一刻芒種
廿四戊申寅正一刻夏至

六月小乙
亥丑卯
初九癸亥亥初三刻小暑
廿五己卯申初一刻大暑

七月大甲
辰午申
十二乙未辰初三刻立秋
廿七庚戌戌正一刻處暑

八月小甲
戌子寅
十三丙寅巳正二刻白露
廿八辛巳戌初一刻秋分

九月大癸
巳未
十五丁卯丑初二刻寒露
三十壬子寅正二刻霜降

十月大癸
酉亥丑
十五丁卯寅正初刻立冬
三十壬午丑初初刻小雪

十一月小癸
午巳未
十四丙申戌正一刻大雪
廿九辛亥未初三刻冬至

十二月大壬
申戌子
十五丙寅卯正三刻小寒
三十辛巳子正初刻大寒

宣統元年己酉

正月小壬　　辰午／寅
十四乙未酉正一刻立春
廿九庚戌未正一刻雨水

二月大辛　　亥丑卯
十五乙丑午正三刻驚蟄
三十庚辰未初三刻春分

閏二月小辛　　巳未酉
十五乙未酉正一刻清明

三月小庚　　午申戌
初二辛亥丑正三刻穀雨
十七丙寅午正一刻立夏

四月大己　　亥丑卯
初四壬午戌初二刻小滿
十九丁酉酉初初刻芒種

五月小己　　巳未酉
初五癸丑巳正初刻夏至
廿一己巳寅初三刻小暑

六月大戊　　戌子寅
初七甲申亥初一刻大暑
廿三庚子未初二刻立秋

七月小戊　　辰午申
初九丙辰寅正一刻處暑
廿四辛未申正一刻白露

八月大丁　　酉亥丑
十一丁亥丑初二刻秋分
廿六壬寅巳初二刻寒露

九月大丁　　卯巳未
十一丁巳巳正一刻霜降
廿六壬申巳正初刻立冬

十月大丁　　酉亥丑
十一丁亥辰初初刻小雪
廿六壬寅丑正初刻大雪

十一月小丁　　卯巳未
初十丙辰戌初三刻冬至
廿五辛未午正三刻小寒

十二月大丙　　申戌子
十一丙戌卯初三刻大寒
廿六辛丑子正初刻立春

新增萬年書

宣統二年庚戌

正月小丙 辰午
初十乙卯戌正初刻雨水
廿五庚午酉正二刻驚蟄

二月大乙 未酉亥
十一乙酉戌初三刻春分
廿七辛丑子正初刻清明

三月小乙 丑卯巳
十二丙辰辰初二刻穀雨
廿七辛未酉正初刻立夏

四月小甲 午申戌
十四丁亥辰初二刻小滿
廿九壬寅夜子初刻芒種

五月大癸 亥丑卯
十六戊午申初三刻夏至

六月小癸 巳未酉
初二甲戌巳初二刻小暑
十八庚寅寅初初刻大暑

七月大壬 戌子寅
初四乙巳戌初一刻立秋
二十辛酉巳正初刻處暑

八月小壬 辰午申
初五丙子亥正初刻白露
廿一壬辰辰初一刻秋分

九月大辛 酉亥丑
初七丁未未初三刻寒露
廿二壬戌申正初刻霜降

十月大辛 卯巳未
初七丁丑申初一刻立冬
廿二壬辰丑初二刻小雪

十一月大辛 酉亥丑
初七丁未辰正初刻大雪
廿二壬戌丑初二刻冬至

十二月小辛 卯巳未
初六丙子酉正二刻小寒
廿一辛卯午初三刻大寒

宣統三年辛亥

正月大庚
子戌申
初七丙午卯正初刻立春
廿二辛酉丑正初刻雨水

二月小庚
寅辰午
初七丙子亥正初刻驚蟄
廿二辛卯丑正初刻春分

三月大己
未酉亥
初八丙午卯初三刻清明
廿三辛酉未初一刻穀雨

四月小己
巳卯丑
初九丁丑子正初刻立夏
廿四壬辰未初一刻小滿

五月小戊
戌申午
十一戊申寅正三刻芒種
廿六癸亥亥初三刻夏至

六月大丁
亥丑卯
十三己巳申初一刻小暑
廿九乙未辰正三刻大暑

閏六月小丁
巳未酉
十五辛亥丑初初刻立秋

七月小丙
戌子寅
初一丙寅申初三刻處暑
十七壬午寅正三刻白露

八月大乙
卯巳未
初三丁酉未初初刻秋分
十八壬子戌初初刻寒露

九月大乙
酉亥丑
初三丁卯酉正三刻霜降
十八壬午亥初二刻立冬

十月小乙
卯巳未
初三丁酉酉正三刻小雪
十八壬子未初三刻大雪

十一月大甲
申戌子
初四丁卯辰初一刻冬至
十九壬午子正一刻小寒

十二月大甲
寅辰午
初三丙申酉初二刻立春
十八辛亥午初三刻大寒

民國元年壬子

正月大甲
申戌子
初三丙寅辰初三刻雨水
十八辛巳卯正初刻驚蟄

二月小甲
寅辰午
初三丙申申初三刻春分
十八辛丑午初二刻清明

三月大癸
未酉亥
初四丙寅戌初初刻穀雨
二十壬午卯初三刻立夏

四月小癸
巳卯丑
初五丁酉戌初初刻小滿
廿一癸丑巳正二刻芒種

五月小壬
午申戌
初八巳巳寅初二刻夏至
廿三甲申亥初初刻小暑

六月大辛
亥丑卯
初十庚子未正二刻大暑
廿六丙辰辰初初刻立秋

七月小辛
巳未酉
十一辛亥亥初二刻處暑
廿七丁巳巳初三刻白露

八月小庚
戌子寅
十三壬寅酉正二刻秋分
廿九戊午丑初初刻寒露

九月大巳
卯巳未
十五癸酉寅初三刻霜降
三十戊子寅初二刻立冬

十月大巳
酉亥丑
十五癸卯子正二刻小雪
廿九丁巳戌初二刻大雪

十一月小巳
卯巳未
十四壬申未初一刻冬至
廿九丁亥酉正初刻小寒

十二月大戊
申戌子
十四辛丑夜子一刻大寒
廿九丙辰酉初二刻立春

民國二年癸丑

正月大戊
寅辰午
廿九丙戌午正初刻驚蟄
十四辛未未初二刻雨水

二月大戊
申戌子
廿九丙辰酉初二刻清明
十四辛丑未初初刻春分

三月小戊
寅辰午
十五壬申丑初初刻穀雨

四月大丁
未酉亥
十七癸卯子正三刻小滿
初一丁亥午初三刻立夏

五月小丁
丑卯巳
十八甲戌巳初一刻夏至
初二戊寅寅初一刻芒種

六月小丙
午申戌
二十乙巳戌正初刻大暑
初五庚寅寅初初刻小暑

七月大乙
亥丑卯
廿三丁丑寅初一刻處暑
初七辛酉午正三刻立秋

八月小乙
巳未酉
廿四戊申子正三刻秋分
初八壬辰申初二刻白露

九月小甲
戌子寅
廿五戊寅巳初一刻霜降
初十癸亥卯正三刻寒露

十月大癸
卯巳未
廿六戊申卯正一刻小雪
十一癸巳巳初二刻立冬

十一月小癸
酉亥丑
廿五丁丑戌初初刻冬至
十一癸亥丑正一刻大雪

十二月大壬
寅辰午
廿六丁未卯初一刻大寒
十一壬辰午初一刻小寒

民國三年甲寅

正月大壬
申戌子
初十辛酉夜子二刻立春
廿五丙子戌二刻雨水

二月大壬
寅辰午
初十辛卯酉初三刻驚蟄
廿五丙午戌初一刻春分

三月小壬
申戌子
初十辛酉夜子初刻清明
廿六丁丑卯正三刻穀雨

四月大辛
丑卯巳
十二壬辰酉初一刻立夏
廿八戊申卯正三刻小滿

五月小辛
未酉亥
十三癸亥亥正初刻芒種
廿九己卯申初初刻夏至

閏五月大庚
子寅辰
十六乙未辰正三刻小暑

六月小庚
午申戌
初二辛亥丑正二刻大暑
十七丙寅酉正二刻立秋

七月大巳
亥丑卯
初四壬午巳初一刻處暑
十九丁酉亥初一刻白露

八月小巳
巳未酉
初五癸丑卯正初刻秋分
二十戊辰午正二刻寒露

九月小戊
戌子寅
初六癸未申初一刻霜降
廿一戊戌戌初初刻立冬

十月小戊
辰午申
初六癸丑辰正一刻小雪
廿一戊辰辰初一刻大雪

十一月小丁
酉亥丑
初七癸未子正三刻冬至
廿一丁酉酉初三刻小寒

十二月大丙
寅辰午
初七壬子午初初刻大寒
廿二丁卯卯初一刻立春

民國四年乙卯

正月大丙　申戌子
　　　　　　初一壬午丑初一刻雨水
　　　　　　廿一丙申夜子二刻驚蟄

二月大丙　寅辰午
　　　　　　初七壬子子正三刻春分
　　　　　　廿二丁卯卯初初刻清明

三月小丙　申戌子
　　　　　　初八壬午午正二刻穀雨
　　　　　　廿三丁酉夜子一刻立夏

四月大乙　丑卯巳
　　　　　　初九癸丑午正二刻小滿
　　　　　　廿五巳巳寅正初刻芒種

五月小乙　未酉亥
　　　　　　初十甲申戌正三刻夏至
　　　　　　廿六庚子未正二刻小暑

六月大甲　子寅辰
　　　　　　十三丙辰辰正初刻大暑
　　　　　　廿九壬申子正一刻立秋

七月小甲　午申戌
　　　　　　十四丁亥申初初刻處暑

八月大癸　亥丑卯
　　　　　　初一癸卯寅初初刻白露
　　　　　　十六戊午午正一刻秋分

九月小癸　巳未酉
　　　　　　初一癸酉酉正初刻寒露
　　　　　　十六戊子亥初一刻霜降

十月大壬　戌子寅
　　　　　　初二癸卯亥初初刻立冬
　　　　　　十七戊午酉正初刻小雪

十一月小壬　辰午申
　　　　　　初二癸酉未初初刻大雪
　　　　　　十七戊子卯正三刻冬至

十二月大辛　酉亥丑
　　　　　　初二壬寅夜子二刻小寒
　　　　　　十七丁巳申正三刻大寒

民國五年丙辰

正月大庚
寅辰午
十八丁亥辰初初二刻雨水
初三壬申午初初刻立春

二月大庚
申戌子
十八丁巳卯正二刻春分
初三壬寅卯初一刻驚蟄

三月小庚
十八丁亥酉正一刻穀雨
初三壬申巳正三刻清明

四月大己
未酉亥
二十戊午酉正一刻小滿
初五癸卯卯初初刻立夏

五月小己
卯巳
廿二庚寅戌正三刻夏至
初六甲戌巳初三刻芒種

六月大戊
午申戌
丑
廿四辛酉未初三刻大暑
初八乙巳戌正一刻小暑

七月大戊
子寅辰
十丁丑卯正一刻立秋
廿五壬辰戌正三刻處暑

八月小戊
午申戌
十一戊申巳初初刻白露
廿六癸亥酉正一刻秋分

九月大丁
亥丑卯
十三己卯子正一刻寒露
廿八甲午寅初初刻霜降

十月小丁
巳未酉
十三己酉丑正三刻立冬
廿七癸亥夋子三刻小雪

十一月大丙
戌子寅
十三戊寅酉正三刻大雪
廿八癸巳午正二刻冬至

十二月小丙
辰午申
十三戊申卯初二刻小寒
廿七壬戌亥正三刻大寒

民國六年丁巳

正月大乙　丑亥
十三丁丑寅初初刻立春
廿八壬辰午正三刻雨水

二月小乙　酉
十三丁未午初二刻驚蟄
廿八壬戌午正一刻春分

閏二月小甲　巳未
十四丁丑申正三刻清明

三月大癸　丑卯巳
初一癸巳子正一刻穀雨
十六戊申巳正三刻立夏

四月小癸　亥酉未
初二甲子子正初刻小滿
十七己卯申初二刻芒種

五月大壬　辰寅子
初四乙未辰正二刻夏至
二十辛亥丑正初刻小暑

六月大壬　戌申午
初五丙寅戌初二刻大暑
廿一壬午午正初刻立秋

七月小壬　子寅辰
初七戊戌丑正二刻處暑
廿二癸未未正一刻白露

八月大辛　巳未酉
初九己巳子正三刻秋分
廿四甲申卯正初刻寒露

九月大辛　亥丑卯
初九己亥辰正三刻霜降
廿四甲寅辰正一刻立冬

十月小辛　巳未酉
初九己巳卯初三刻小雪
廿四甲子午正三刻大雪

十一月大庚　戌子寅
初九戊戌酉正一刻冬至
廿四癸丑午初一刻小寒

十二月小庚　辰午申
初九戊辰寅正三刻大寒
廿三壬午亥正一刻立春

民國七年戊午

正月大巳
酉亥丑
初九丁酉酉正三刻雨水
廿四壬子酉初初刻驚蟄

二月小巳
卯巳未
初九丁卯酉正二刻春分
廿四壬午亥正二刻清明

三月小戊
申戌子
十一戊戌辰正初刻穀雨
廿三癸丑申正三刻立夏

四月大丁
巳
十三己巳卯初三刻小滿
廿八甲申亥初一刻芒種

五月小丁
未酉亥
十四庚子未正一刻夏至

六月大丙
子寅辰
初一丙辰辰正初刻小暑
十七壬申丑初一刻大暑

七月小丙
午申戌
初二丁亥酉初三刻立秋
十八癸卯辰正一刻處暑

八月大乙
亥丑卯
初四戊午戌正三刻白露
二十甲戌卯初三刻秋分

九月大乙
巳未酉
初五己丑午初三刻寒露
二十甲辰未正二刻霜降

十月小乙
亥丑卯
初五己未未正一刻立冬
二十甲戌戌初二刻小雪

十一月大甲
辰午申
初六己丑卯正二刻大雪
廿一甲辰子正初刻冬至

十二月大甲
戌子寅
初五戊午酉初一刻小寒
二十癸酉巳正一刻大寒

民國八年己未

正月小甲
辰午申
初五戊子寅正二刻立春
二十癸卯子正二刻雨水

二月大癸
酉亥丑
初五丁巳亥正二刻驚蟄
廿一癸酉子正初刻春分

三月小癸
卯巳未
初六戊子寅正二刻清明
廿一癸卯午初三刻穀雨

四月小壬
申戌子
初七戊午亥正一刻立夏
廿三甲戌午初三刻小滿

五月大辛
丑卯巳
初十庚寅申初一刻芒種
廿五乙巳戌正初刻夏至

六月小辛
未酉亥
十一辛酉未初三刻小暑
廿七丁丑辰初一刻大暑

七月小庚
子寅辰
十三壬辰子正二刻立秋
廿九戊申未正一刻處暑

閏七月大己
巳未酉
十六甲子丑正一刻白露

八月大己
亥丑卯
初一巳卯午正一刻秋分
十六甲午酉初二刻寒露

九月小己
巳未酉
初一巳酉戌正二刻霜降
十六甲子戌正一刻立冬

十月大戊
戌子寅
初二巳卯酉初一刻小雪
十七甲午午正一刻大雪

十一月大戊
辰午申
初二巳酉卯正初刻冬至
十六癸亥甲子初刻小寒

十二月大戊
戌子寅
初一戊寅申正一刻大寒
十六癸巳巳正一刻立春

二一四

民國九年庚申

正月小戊　辰午申
初一戊申卯正一刻雨水
十六癸亥寅正三刻驚蟄

二月大丁　酉亥丑
初二戊寅卯初三刻春分
十七癸巳巳正初刻清明

三月小丁　巳未
初二戊申酉初二刻穀雨
十八甲子寅正一刻立夏

四月小丙　申戌子
初四戊寅酉初二刻小滿
二十乙未巳初初刻芒種

五月大乙　丑卯巳
初七辛亥酉初二刻夏至
廿二丙寅戌初二刻小暑

六月小乙　未酉亥
初八壬午未初一刻大暑
廿四戊戌卯初一刻立秋

七月小甲　子寅辰
初十癸丑戌正一刻處暑
廿六己巳辰正初刻白露

八月大癸　巳未酉
十二甲申酉初二刻秋分
廿七己亥夜子二刻寒露

九月大癸　亥丑卯
十三乙卯丑正一刻霜降
廿八庚午丑正初刻立冬

十月小癸　巳未酉
十二甲申夜子一刻小雪
廿七己亥酉正一刻大雪

十一月大壬　戌子寅
十三甲寅午初三刻冬至
廿八己巳寅正三刻小寒

十二月大壬　辰午申
十二癸未申正初刻大寒
廿七戊戌申正一刻立春

民國十年辛酉

正月大壬	二月小壬	三月大辛	四月小辛	五月小庚	六月大巳
戌子寅	辰午申	酉亥丑	卯巳未	申戌子	丑卯巳
十二癸丑午正一刻雨水	十二癸未午初三刻春分	十三癸夜子初刻穀雨	十四甲申夜子一刻小滿	初一庚子未正三刻芒種	初四壬申丑初一刻小暑
廿七戊辰巳正二刻驚蟄	廿七戊戌申正初刻清明	廿九己巳巳正初刻立夏		十七丙辰辰初三刻夏至	十九丁亥酉正三刻大暑

七月小巳	八月小戊	九月大丁	十月小丁	十一月大丙	十二月大丙
未酉亥	子寅辰	巳未酉	亥丑卯	辰午申	戌子寅
初五癸卯午初一刻立秋	初七甲戌未正初刻白露	初九乙巳卯初一刻寒露	初九乙亥辰初三刻立冬	初十乙巳子正初刻大雪	初九甲戌巳正二刻小寒
廿一巳未丑初三刻處暑	廿二巳丑夜子一刻秋分	廿四庚申辰正初刻霜降	廿四庚寅卯初初刻小雪	廿四巳未酉初二刻冬至	廿四巳丑寅初三刻大寒

民國十一年壬戌

正月大丙
辰午申
初八癸卯亥正初刻立春
廿三戊午正初刻雨水

二月小丙
戌子寅
初八癸酉卯正一刻驚蟄
廿三戊子酉初二刻春分

三月大乙
卯巳未
初九癸卯亥初三刻清明
廿五己未卯初二刻穀雨

四月大乙
酉亥丑
初十甲戌申初三刻立夏
廿六庚寅卯初刻小滿

五月小乙
卯巳未
十一乙巳戌正三刻芒種
廿七辛酉未初二刻夏至

閏五月小甲
申戌子
十四丁丑辰初初刻小暑

六月大癸
丑卯巳
初一癸巳子正三刻大暑
十六戊申酉初初刻立秋

七月小癸
未酉亥
初二甲子辰初三刻處暑
十七己卯戌初三刻白露

八月小戊
子寅辰
初四乙未卯初初刻秋分
十九庚戌午初刻寒露

九月大辛
巳未酉
初五乙丑巳正初刻霜降
二十庚辰未初三刻立冬

十月小辛
亥丑卯
初五乙未巳正三刻小雪
二十庚戌卯初三刻大雪

十一月大庚
辰午申
初五甲子夜子二刻冬至
二十己卯申正二刻小寒

十二月大庚
戌子寅
初五甲午巳初三刻大寒
二十己酉寅初三刻立春

新增萬年書

民國十二年癸亥

月	日辰	節氣
正月小庚	辰午申	初四癸亥夜子三刻雨水　十九戊寅亥正初刻驚蟄
二月大己	丑亥酉	初五癸巳酉初二刻春分　廿一己酉寅初二刻清明
三月小己	未巳卯	初六甲子午初初刻穀雨　廿一己卯亥初二刻立夏
四月小己	亥酉	初七乙未午初初刻小滿　廿三辛亥丑正一刻芒種
五月大戊	午辰寅	初九丙寅戌初一刻夏至　廿五壬午未初初刻小暑
六月小戊	申戌子	十一戊戌卯正二刻大暑　廿六癸丑亥正三刻立秋
七月大丁	巳卯丑	十三己巳未正初刻處暑　廿九乙酉丑初二刻白露
八月小丁	亥酉未	十四庚子巳正三刻秋分　廿九乙卯酉初初刻寒露
九月大丙	辰寅子	十五壬午戌初三刻霜降　三十乙酉戌初二刻立冬
十月小丙	戌申午	十五庚子申正三刻小雪
十一月小乙	卯丑亥	初一己卯午初三刻大雪　十六庚午卯初一刻冬至
十二月大甲	申午辰	初一甲申亥正一刻小寒　十六己亥申初二刻大寒

民國十三年甲子

新增萬年書

正月小甲	二月大癸	三月大癸	四月小癸	五月大壬	六月大壬
戌子寅	卯巳未	酉亥丑	巳未	申戌子	寅辰午
初一甲寅巳初三刻立春	初二甲申寅正初刻驚蟄	初二甲寅巳初一刻清明	初三乙酉寅初三刻立夏	初五丙辰辰正二刻芒種	初六癸亥酉正三刻小暑
十六巳巳卯初三刻雨水	十七巳亥卯初初刻春分	十七巳巳申正三刻穀雨	十八庚子申正三刻小滿	廿一壬申丑初初刻夏至	廿二癸卯午正一刻大暑

七月小壬	八月大辛	九月小辛	十月大庚	十一月大庚	十二月小庚
申戌子	丑卯巳	未酉亥	子寅辰	午申戌	子寅辰
初八巳未寅正二刻立秋	初十庚寅辰初二刻白露	初十庚申亥正三刻寒露	十二辛卯丑初一刻立冬	十一庚申申正二刻大雪	十一庚寅寅正初刻小寒
廿三甲戌戌初一刻處暑	廿五乙巳申正三刻秋分	廿六丙子丑初二刻霜降	廿六乙巳亥正二刻小雪	廿六乙亥午初初刻冬至	廿五甲辰亥初一刻大寒

民國十四年乙丑

正月大巳
巳未酉
十一巳未申初二刻立春
廿六甲戌午初二刻雨水

二月小巳
亥丑卯
十一巳丑巳初三刻驚蟄
廿六甲辰午正初刻春分

三月大戊
辰午申
十二巳未申初一刻清明
廿七甲戌亥正三刻穀雨

四月小戊
戌子寅
十三庚寅巳初一刻立夏
廿八乙巳亥正二刻小滿

閏四月大丁
巳未
十五辛酉未正初刻芒種

五月大丁
酉亥丑
初一丁丑卯正初刻夏至
十七癸巳子正二刻小暑

六月小丁
卯巳未
初二戊申酉正初刻大暑
十八甲子巳正一刻立秋

七月大丙
申戌子
初五庚戌丑初初刻處暑
二十乙未未初一刻白露

八月小丙
寅辰午
初五庚戌辰初二刻秋分
廿一丙寅寅正二刻寒露

九月大乙
未酉亥
初七辛巳辰初一刻霜降
廿二丙申辰初一刻立冬

十月小乙
巳
初七辛亥寅正一刻小雪
廿一乙丑夜子初一刻大雪

十一月小甲
午申戌
初七庚辰酉初初刻冬至
廿二乙未巳正初刻小寒

十二月大癸
亥丑卯
初八庚戌寅初初刻立春
廿二甲子亥初一刻大寒

一二〇

民國十五年丙寅

新增萬年書

正月小癸
酉
巳未
初七巳卯酉初一刻雨水
廿二甲午申初二刻驚蟄

二月小壬
戌子寅
初八巳酉申正三刻春分
廿三甲子亥初初刻清明

三月大辛
卯巳未
初十庚寅辰正三刻穀雨
廿五乙未申初初刻立夏

四月小辛
丑亥
十一辛亥寅正一刻小滿
廿六丙寅戌初三刻芒種

五月大庚
寅辰午
十三壬午午正三刻夏至
廿九戊戌卯正初刻小暑

六月小庚
申戌子
十四癸丑夜子初刻大暑

七月大巳
巳
丑卯
初一巳巳申正二刻立秋
十七乙酉卯正三刻處暑

八月大巳
未酉亥
初二庚子戌初初刻白露
十八丙辰寅正一刻秋分

九月小巳
丑卯巳
初三辛未巳正一刻寒露
十八丙戌未初一刻霜降

十月大戊
午申戌
初四辛丑未初初刻立冬
十九丙辰巳正初刻小雪

十一月大戊
子寅辰
初四辛未卯初一刻大雪
十八乙酉亥正三刻冬至

十二月小戊
申午戌
初三庚子申初三刻小寒
十八乙卯巳初一刻大寒

新增萬年書

民國十六年丁卯

正月大丁　亥丑卯
初四庚子寅初一刻立春
十八甲申夜子初一刻穀雨

二月小丁　巳未酉
初三己亥亥初二刻驚蟄
十八甲寅亥正二刻春分

三月小丙　戌子寅
初五庚午丑正三刻清明
二十乙酉巳正一刻穀雨

四月大乙　卯巳未
初六庚戌戌正三刻立夏
廿二丙辰巳初初刻小滿

五月小乙　酉亥丑
初八壬申丑初二刻芒種
廿三丁亥戌初初刻夏至

六月大甲　寅辰午
初十癸亥午正初刻小暑
廿六己未卯初二刻大暑

七月小甲　申戌子
十一甲戌亥正初刻立秋
廿七庚寅午正二刻處暑

八月大癸　丑卯巳
十四丙午子正三刻白露
廿九辛酉巳正一刻秋分

九月小癸　未酉亥
十四丙子申正初刻寒露
三十辛卯戌初初刻霜降

十月大壬　子寅辰
十五丙午酉正三刻立冬
三十辛酉申初二刻小雪

十一月大壬　午申戌
十五丙子午初初刻大雪
三十辛卯寅正二刻冬至

十二月大壬　子寅辰
十四乙巳亥初二刻小寒
廿九庚申未正三刻大寒

二三二

民國十七年戊辰

正月小壬　　午申戌
十四己巳巳初初刻立春
廿九庚寅卯初初刻雨水

二月大辛　　亥丑卯
十五乙巳寅初一刻驚蟄
三十庚寅辰一正刻春分

閏二月小辛　巳未酉
十五乙亥辰正三刻清明

三月小庚　　寅子戌
初一庚寅申正初刻穀雨
十七丙午丑正三刻立夏

四月大己　　巳未卯
初三辛酉正初刻小滿
十九丁丑辰初二刻芒種

五月小己　　酉亥丑
初五癸巳子正一刻夏至
二十戊申酉初初刻小暑

六月小戊　　寅辰午
初七甲子午初二刻大暑
廿三庚辰寅初三刻立秋

七月大丁　　未酉亥
初九乙未酉正二刻處暑
廿五辛亥卯正二刻白露

八月小丁　　丑亥巳
初十丙寅申初三刻秋分
廿五辛巳亥正初刻寒露

九月大丙　　午申戌
十二丁酉子正三刻霜降
廿七壬子子正二刻立冬

十月大丙　　子寅辰
十一丙寅亥初三刻小雪
廿五庚辰申正初刻大雪

十一月大丙　午申戌
十一丙申巳正二刻冬至
廿六辛亥酉初二刻小寒

十二月大丙　子寅辰
初十乙丑戌正二刻大寒
廿五丙辰辰正三刻立春

一六三

一三三

民國十八年己巳

新增萬年書

正月小丙　戌申午
初十乙未巳正三刻雨水
廿五庚戌巳初初刻驚蟄

二月大乙　卯丑亥
十一乙丑巳正一刻春分
廿六庚辰未正一刻清明

三月小乙　酉未巳
十一乙未亥正初刻穀雨
廿六庚辰未正二刻立夏

四月小甲　寅子戌
十三丙寅亥正一刻小滿
廿五壬午未初三刻芒種

五月大癸　未巳卯
初九戊戌卯正初刻夏至

六月小癸　丑亥酉
初一癸丑夜子初一刻小暑
十七己巳酉初一刻大暑

七月小壬　辰寅
初四乙酉巳初二刻立秋
二十辛丑子正一刻處暑

八月大辛　亥酉未
初六丙辰午正一刻白露
廿一辛未亥初二刻秋分

九月小辛　巳卯丑
初七丁亥寅初三刻寒露
廿二壬寅卯正三刻霜降

十月大庚　戌申午
初八丁巳卯正二刻立冬
廿三壬申寅初二刻小雪

十一月大庚　辰寅子
初七丙戌亥正二刻大雪
廿二辛丑申正一刻冬至

十二月大庚　戌申午
初七丙辰巳初一刻小寒
廿二辛未丑正二刻大寒

新增萬年書

民國十九年庚午

正月小庚　子寅辰
初六乙酉戌正三刻立春
廿一庚子申正二刻雨水

二月大己　巳未酉
初七乙卯申正初刻驚蟄
廿二庚午申正初刻春分

三月大己　亥丑卯
初七乙酉戌正二刻清明
廿三辛酉寅初二刻穀雨

四月小己　巳未酉
初八丙寅未初一刻立夏
廿四壬申寅正三刻小滿

五月小戊　戌子寅
十一己丑子正一刻芒種
廿六癸巳午正初刻夏至

六月大丁　卯巳未
十二己未卯初二刻小暑
廿八甲戌佟子初刻大暑

閏六月大丁　酉亥丑
十四庚寅申初一刻立秋

七月小丙　寅辰午
初二丙午卯正初刻處暑
十六辛酉酉正二刻白露

八月大乙　未酉亥
初三丁丑寅正二刻秋分
十八壬辰巳初二刻寒露

九月小乙　丑卯巳
初四丁未午正二刻霜降
十八壬戌午正一刻立冬

十月大甲　午申戌
初四丁丑巳初一刻小雪
十九壬辰寅正一刻大雪

十一月大甲　子寅辰
初三丙午亥正初刻冬至
十八辛酉申初初刻小寒

十二月小甲　午申戌
初三丙子辰正初刻大寒
十八辛卯丑正二刻立春

民國二十年辛未

正月大癸 亥丑卯
初三乙巳亥正二刻雨水
十八庚申戌正三刻驚蟄

二月大癸 巳未酉
初二乙亥亥初二刻春分
十七辛卯辰正初刻清明

三月小癸 亥丑卯
初四丙午巳初二刻穀雨
十九辛酉戌正初刻立夏

四月大壬 辰午申
初六丁丑巳初一刻小滿
廿一壬辰午初一刻芒種

五月小壬 戌子寅
初七戊申酉初三刻夏至
廿三甲子子初一刻小暑

六月大辛 卯巳未
初十庚辰寅正三刻大暑
廿五乙未亥初一刻立秋

七月小辛 酉亥丑
十一辛亥午正初刻處暑
廿七丁卯子初三刻白露

八月小庚 寅辰午
十三壬午巳正一刻秋分
廿八丁酉申初二刻寒露

九月大巳 未酉亥
十四壬子酉正一刻霜降
廿九丁卯酉正初刻立冬

十月小巳 丑卯巳
十四壬午申初一刻小雪
廿九丁酉巳正一刻大雪

十一月大戊 午申戌
十五壬子寅正初刻冬至
廿九丙寅亥初初刻小寒

十二月小戊 子寅辰
十四辛巳未正初刻大寒
廿九丙辰辰正一刻立春

中華民國二四年八月出版

（子平真詮 命錄 萬年書 合一册）

版權所有

定價大洋九角

編輯者　　山陰沈孝瞻

校訂者　　隴西山人

印刷者　　上海世界圖書館

發行者　　上海世界圖書館

分發行所　各省大書局

總發行所　上海世界圖書館